K홀릭

세계를 뒤흔든 대한민국의 힘

장대환 지음

매일경제신문사

서문

4년이 조금 넘었습니다. 《우리가 모르는 대한민국: 미라클 코리아 70년》이란 책을 낸 게 2019년 6월 20일이었습니다. 당시 책을 쓰게 된 동기는 분명했습니다. 세계인의 눈에 비친 한국의 모습은 기적, 경이로움 그 자체인데 정작 우리 한국인은 이를 제대로 평가하기는커녕 애써 부정적인 면만 들춰내려는 현상이 만연된 데 대한 언론사 경영인으로서의 일종의 의무감 같은 거였습니다. 그동안 〈매일경제신문〉, 매일방송MBN, 매경닷컴 등에서 있는 그대로 사실을 알렸는데도 '이런 냉소와 자책은 왜 생기는 걸까' 열패감마저 들었습니다.

이해 못 하는 바는 아닙니다. 압축성장 과정에서 불가피하게 발생한 계층 간, 세대 간, 노사 간의 갈등과 앙금 탓일 겁니다. 이런 걸 해결하기 위해 정치가 있는 건데 우리나라 정치 역시 극단으로 나뉘어져 오히려 갈등의 골을 심화시키고 있는 형국입니다.

문제를 알면 문제를 해결하려고 하는 게 언론의 사명이기도 합니다. 저는 그래서 일단 '숫자'부터 시작했습니다. 같은 사실이라도 바라보는 시각에 따라 의견이 갈리고 역사에 대한 평가도 자신의 이해에 따라 달라진다는 점을 부인하기 어렵습니다. 이럴 때 도움을 주는 존재가 다름 아닌 통계입니다. 물론 통계 숫자 역시 왜곡이 있을 수 있습니다만 그나마 다른 것보다는 객관적일 것입니다.

대한민국 정부수립 이후 70여 년 동안 한국인이 이뤄놓은 성과를 다양한 통계 중심으로 살펴보고 그런 우리 모습이 세계인의 눈에 어떻게 비치고 있는지도 점검했습니다. 그러고 나서 우리의 강점과 약점을 냉정하게 짚어보고 70년의 기적을 지속하기 위한 과제들도 나름 제시했습니다. 그 결과물이 《우리가 모르는 대한민국: 미라클 코리아 70년》이었습니다.

이 기회를 빌려 독자 여러분들의 많은 관심과 격려에 감사드립니다. 어떻게 신문사 회장 하면서 이렇게 디테일한 숫자까지 모았느냐고 의구심을 품은(?) 분들도 제법 있었습니다만 솔직히 제가워낙 숫자 중심의 경영을 강조하고 평소 통계를 모으는 취미가 있다 보니 그런 책 내게 됐다고 답변을 합니다. 그러면서도 좀 머쓱한 점이 없지 않았습니다. 개중 아쉬움을 표시하는 독자들도 많았습니다. 시간이 흐르다 보니 숫자가 과거치가 돼버린 탓이지요. 업데이트가 필요했습니다. 사실 처음엔 호기롭게 책을 냈지만 개정판을 다시 내는 건 또 다른 일이라는 걸 깨달았습니다. 숫자만 고

치겠다고 한 게 다시 보니 내용도 갈아야 하고 아쉬운 대목도 추가하다 보니 완전히 새로운 작업이 된 것입니다.

무엇보다도 커다란 변수가 생겼습니다. 팬데믹 위기였습니다.

책이 나온 지 6개월이 채 안 된 2019년 말 중국 우한에서 시작된 코로나19 바이러스 감염병은 이듬해인 2020년 초부터 세계적인 대유행으로 번지면서 급격한 경제 침체와 실업 대란, 무역 전쟁과 부채 위기, 세계화와 민주주의의 후퇴라는 충격파를 몰고 왔습니다. 이에 잃어버린 일상과 K방역의 명암, 경제 개발이 시작된 후세 번째로 겪은 역성장과 고용 빙하기, 급속히 달라진 일터와 자산시장 등 팬데믹의 충격파를 짚어보고 위기 이후의 기회와 위협 요인들도 점검해보았습니다. 그리고 21세기 새로운 체제 경쟁의 시대를 맞아 민주주의와 경제적 자유의 가치가 더욱 중요해졌으며 대한민국은 소득 10만 달러 미래형 혁신국가로 나아가야 한다는 점을 강조했습니다. 그렇게 좀 욕심을 내서 다시 개정판을 낸 게 2021년 3월이었습니다.

그리고 2년이 좀 더 지났습니다. 숫자 바꿔야 할 때가 됐습니다. 그런데 이렇게 주기적으로 바꾸는 것보다는 주요 통계는 인덱스로 처리하고 그동안 아쉬웠던 점을 보강하는 편이 좋겠다는 생각이 들었습니다. 그게 스토리텔링이었습니다. 글에 생명력을 불어넣는 데는 숫자 자체만으로는 한계가 있습니다. 그 숫자 뒤에 숨겨진 여러 흥미로운 이야기들이 있습니다. 이번에 새로 낸 책은 그래서 제목도 《K홀릭》으로 정하고 형식도 숫자보다는 이야기 위주로 꾸몄습니다.

저는 비즈니스로 외국에 나갈 기회가 많습니다. 주로 외국서 하는 포럼이나 콘퍼런스에 참석하게 되는데 그러다 보면 외국 석학들과 많은 대화를 나누게 됩니다. 매경미디어그룹이 주관하는 '세계지식포럼'도 어느덧 24년이 됐습니다. 국내외 오피니언 리더들이 중요한 글로벌 현안에 대해 서로의 견해를 나누는 지식의 축제, 지식공유의 플랫폼입니다. 여기에도 200여 명 이상의 외국 석학들이 매년 저를 찾아옵니다.

그들이 한결같이 말하는 것은 '기적의 대한민국'입니다. 저 듣기 좋으라고 하는 소리가 아닙니다. 정말 경이로움 그 자체입니다. 《우리가 모르는 대한민국: 미라클 코리아 70년》 서문에서도 썼습니다만 2016년 가을 한국을 찾은 세계적인 역사학자 폴 케네디는 이런 말을 했습니다.

"대한민국이란 나라는 참 이상하다. 벌써 지도상에서 없어져야 할 나라처럼 보이는데 아직도 존속한다. 중국, 러시아 틈바구니에서 5,000년 동안 망하지 않고 이렇게 성장한다는 건 세계사의 기적이다."

그렇습니다. 대한민국은 세계사의 기적입니다. 2022년에 저는 한-오스트리아 수교 130주년을 맞아 오스트리아를 방문했습니다. 수도 빈에서 볼프강 소보트카 하원의장을 만났는데 그는 한국 기업과의 협력을 절절하게 원했습니다. 그게 아마도 저를 만나고자 한 진짜 이유일 겁니다. 그가 한 첫말은 한국과 오스트리아의 인연이었습니다. 우리나라에서는 오스트리아와 오스트레일리아(호주)를 헷갈려 '호주댁'이라고 불리기도 했던 이승만 초대 대통령의 부인 프란체스카 도너 여사 이야기입니다. 그게 보통 인연이냐는 거죠.

저희 신문사 지하에 윤전시설이 있는데 이곳에서는 〈매일경제신문〉뿐만 아니라 다른 신문도 인쇄를 합니다. 그중 하나가 영국의 〈파이낸셜타임스FT〉입니다. 그런 인연으로 〈매일경제신문〉과 〈파이낸셜타임스〉는 서로 인력교류도 하고 기사 교환도 하며 오랫동안 인연을 이어오고 있습니다. 저는 개인적으로 한국 특파원 등을 하다가 2006년 신문 최고경영자가 된 존 리딩 대표와 친분이 있습니다. 2023년 1월 스위스 다보스에서 열리는 '세계경제포럼WEF'에서도 그를 만났습니다.

제가 브렉시트로 고생하는 영국에 대해 안타까움을 표시했더니 그는 한국에 대해 거꾸로 부러움이 가득한 칭찬을 쏟아냈습니다. "한국은 믿을 수 없을 정도로 강력한 소비재 브랜드들을 갖고 있다. 영국에서 현대차와 기아의 전기자동차들은 꽤 잘 팔리고 있다. K팝의 인기도 젊은이들 사이에서 대단하다. 한국은 역동성 있고 혁신적이며 아주 흥미로운 국가로 자리매김하고 있다"고 말이죠.

이번 책은 모두 5개 파트로 구성돼 있습니다. 1부 주제는 '외국인이 신기해하는 한국인의 삶'입니다. 한국인들이 세계로 많이 진출해 '한상韓商'이라는 네트워크를 만들었습니다만 수많은 외국인들이 알게 모르게 한국에 들어와 생활하고 있습니다. 그들 중에는 정말 깜짝 놀랄 정도로 한국말을 잘하는 사람들이 있지요. 그런데 제가 보기엔 한국말뿐만 아니라 한국에 대해서도 여기서 60년 이상 산 한국 사람보다 더 잘 아는 분들도 많습니다. 지방 구석구석 한국의 관광지를 여행한 분도 계십니다. 버스, 지하철을 자연스럽게 이용하는 분도 계시고 이것저것 배달 음식을 척척 시켜 드시는 분들도 많습니다. 그들이 한국에서 가장 놀라는 것이 무엇인지 아십니까. 저한테는 그렇게 말하더라고요. "버스에 지갑을 놓고 내렸는데 그걸 아무도 손대지 않더라." 외국, 그것도 우리가 동경하는 선진국에서조차도 불가능하지 않을까 싶습니다. 믿을 만한 한국인. 정말 우리의 어마어마한 자산이 아닐 수 없습니다.

2부 주제는 '세계에서 활약하는 한국인'입니다. BTS뿐만이 아닙니다. 각 부문 곳곳에 세계를 주름잡는 한국인들이 많습니다. 그리고 외국인들이 가장 많이 얘기하는 K컬처. 이에 대한 이야기들을 3부에 소개했습니다. 4부와 5부에서는 《우리가 모르는 대한민국: 미라클 코리아 70년》에서도 일부 소개됐습니다만 한국 기업의 이야기를 보강했습니다.

그리고 한 가지 짚고 넘어가야 할 대목이 있습니다. 제가 출판사에 원고를 넘기고 나서 이 책의 주제와 관련해 반드시 짚고 넘어가야 할 대형 사건이 터졌습니다. 하나는 제가 대한민국이 안전하다고 했는데 시내 한복판에서 벌어진 '묻지마 칼부림' 사건이고 또 하나는 전라북도 부안군 새만금에서 치러진 세계스카우트잼버리입니다. 올여름 서울 지하철 신림역 인근에서 묻지마 칼부림 사건이 벌어졌습니다. 그러더니 성남시 백화점에서도 충격적인 사건이 벌어져 무고한 시민이 희생됐습니다. 이러한 모방 범죄가 확산 양상을 띠면서 한때 전국이 공포에 휩싸이기도 했습니다. 하지만 경찰이 전국 시·도 사이버범죄수사대 등을 동원해 5일 만에 살인 예고 글 작성자 30여 명을 검거하면서 디지털 강국, 범죄율 낮은 한국의 저력을 다시 한번 보여줬습니다. 그 후에도 유사 사건이 벌어지기는 했습니다만 다른 나라와 비교해보면 그래도 대한민국은 안전한 나라라고 할 수 있습니다.

또 8월 전북 부안군 새만금 일대에서 열린 '2023 새만금 제25회 세계스카우트잼버리'대회는 그야말로 말도 많았고 탈도 많았습니다. 폭염 속에 시작된 대회는 개막 초기에 참가자들이 여러 가지 불편한 점들을 호소했고, 주최 측의 부실 운영이 도마 위에 올랐습니다. 급기야 태풍으로 예정보다 일찍 야영장 텐트를 접었습니다. 그러나 정부, 기업, 시민들이 너나 할 것 없이 '잼버리 살리기'에 발 벗고 나서서 위기를 극복해나가는 모습을 보여줬습니다. 세계를 놀라게 한 한국인의 단결력 그 자체였습니다. 세계 청소년들과 부모들로부터 걱정과 불만이 나오긴 했지만 그럼에도 불구하고 한국에 대한 또 다른 매력을 발견하고 한류의 저력을 느낀 것도 사실입니다.

책을 쓰면서 다시 한번 느끼는 겁니다만 쓰고 나면 쓸 게 더 많아집니다. "이 정도면 되겠지"라고 시작했는데 그것의 몇 배나 많은 이야기들이 나오는 겁니다. 한없이 욕심을 부릴 수는 없기에 이 정도에서 마무리를 하게 된 게 아쉽기도 하고 독자들에게는 양해를 구해야 할 부분인 것 같습니다. 다음 기회에 보다 좋은 내용과 새로운 이야기를 찾아내 선보일 것을 약속드립니다.

이번에도 책을 만드는 데 도움을 준 직원들이 있습니다. 박봉권 논설위원과 편집국의 원호섭, 송경은 기자에게 고마움을 전합니다. 저와 함께 많은 아이디어를 내고 디테일한 내용을 발굴하느라 품을 많이 팔았습니다. 대한민국이 앞으로도 계속해서 세계인으로부터, 그보다 먼저 우리 스스로로부터 '기적의 나라'로 평가받고 '자랑스러운 나라'로 인식되길 바라는 마음입니다.

매경미디어그룹 회장

장 대 환

목차

3부 　K문화의 힘

4부 　불이 꺼지지 않는 대한민국

5부 　불가능을 가능으로 만든 K기업

1부

외국인이
신기해하는
한국인의 삶

2023년 4월 서울 중구 서소문파출소에 러시아 여성 두 명이 찾아왔다. 난생처음 한국을 찾았다는 이들은 당혹스러운 모습이 역력했다. 경찰관에게 서툰 영어로 "My wallet lost(지갑을 잃어버렸다)"라고 말하며 지갑을 찾아달라고 했다. 신고를 접수한 경찰은 이들 러시아 여성이 인천공항에서 호텔로 이동하던 버스에 현금 300만 원이 든 지갑을 두고 내린 정황을 파악해 곧바로 버스 회사에 연락을 했다. 다행스럽게 여성들의 지갑은 버스 회사가 주인을 찾아주기 위해 보관하고 있었다. 곧바로 지갑을 돌려받은 러시아 여성들은 기뻐하면서도 놀라움을 금치 못했다고 한다. 러시아였다면 결코 되찾을 수 없었을 지갑이었기 때문이다.

외국인의 시선으로 한국의 매력을 보여주는 TV 예능 프로그램 〈한국사람〉(2021)에서도 남의 것에 손을 잘 대지 않는 한국인의 성향을 살펴보기 위해 관찰카메라 실험을 한 적이 있다. 카페 등에서 자리를 맡아두려 테이블 위에 지갑이나 핸드폰을 두고 나오면 어떤 일이 벌어지는지 살펴봤다. 약 4시간 동안 빈 테이블 위에 지갑이 놓여 있었지만 어느 누구도 관심을 두지 않았다. 바로 옆 테이블에 있는 사람들도 마찬가지였다. 마침내 실험 도중 한 남성 손님이 지갑을 집어 들기는 했지만 카운터에 지갑을 맡기기 위해서였다. 외국인 방송 출연자들은 주인 없는 지갑에 무심한 한국인을 보고 놀라운 표정을 지었다.

출연진 중 한 명인 스웨덴 출신의 요아킴은 "스웨덴에서 이런 상황이라면 바로 누군가 가져갔을 것"이라며 믿기지 않는다는 반응을 보였다. 이란에서 온 유학생 키미야는 "한국 사람들이 얼마나 이런 일(다른 사람 물건을 훔치지 않는 것)을 당연하게 생각하느냐면 '외국인들이 한국의 이런 문화에 충격을 받는다'는 것에 대해 한국 사람들이 충격을 받을 정도"라고 했다. 외국에서는 상상하기 힘든 일이지만 한국인들은 남의 물건에 손을 대지 않는 걸 너무도 당연하게 생각한다는 것이다. 이 같은 방송 내용이 소셜미디어sns에 'K양심'으로 소개되면서 큰 화제를 모았다.

다양한 한국 소개 콘텐츠로 이름을 알린 파키스탄 출신 여행 유튜버 무스타크 마지드도 "세계 22개 나라를 여행했는데 그중 한국이 제일 안전했다"며 "한국 사람들은 다른 사람 물건에 손을 잘 대지 않는다. 아무도 훔치지 않는다. 특히 카페에서 자기 물건을 두고 화장실에 가거나 다른 곳에 다녀와도 물건들이 그 자리에 그대로 있다. 지하철에서도 똑같았다"고 놀라워했다.

지갑 놔둬도
안 집어가는 한국인

문화체육관광부 해외문화홍보원이 세계 24개 나라의 만 16세 이상 1만 2,500명을 대상으로 시행한 '2021 국가이미지 조사 보고서'에 따르면, 외국인이 바라본 한국 국가이미지는 긍정 평가가 80.5%에 달했다. 외국인이 한국을 긍정적으로 바라보는 이유로는 현대적인 문화가 22.9%로 가장 높았고 제품·브랜드 13.2%, 경제 수준 10.2%, 문화유산 9.5%, 국민성 8.6%, 사회 시스템 7.8% 등이었다.

한국인의 어떤 부분에 호감을 느끼는지에 대한 질문에는 '친절하다〉신뢰할 수 있다〉성실하다〉개방적이다' 순으로 답변이 많았다.

예부터 '동방예의지국'으로 불렸던 한국은 유교 문화 기반의 국가로 친절하고 예의범절이 바른 국가라는 대외적 평판을 자랑한

다. 지하철, 버스 등 대중교통을 이용할 때 노약자에게 자리를 양
보하는 모습을 보고 신기해하는 외국인들이 적지 않다. 한국인 특
유의 겸손한 태도 역시 상대방 입장을 더 생각하는 마음에서 비롯
된 것이라고 할 수 있다. 깨끗한 공중화장실, 지하철 역사, 공원,
거리 등도 한국의 예의범절 문화와 관련이 깊다.

외국인에게는 생소한 한국의 기본 예의범절

- 격식을 차려 인사해야 할 때는 손을 흔들지 않고 고개를 숙여 자세를 낮춘다.
- 예의를 갖춰 악수할 때는 악수하는 손의 손목을 다른 손으로 받치고 고개를 살짝 숙인다.
- 나이가 어린 사람이 먼저 악수를 청하지 않는다.
- 물건을 받을 때는 두 손으로 받는다.
- 음식을 대접받을 때는 먹기 전 "잘 먹겠습니다"라고 말하고, 다 먹은 뒤에는 "잘 먹었습니다"라고 한다.
- 격식 있는 식사 자리라면 일행 중 가장 나이 많은 사람이 먼저 첫술을 뜨는지 확인한 뒤 먹기 시작한다.
- 연장자와 함께 술을 마실 때는 살짝 고개를 돌려 두 손으로 잔을 받치고 마신다.
- 나이가 많은 사람에게 음료를 따를 때는 반드시 양손으로 병 등을 잡고 따른다.

세계 최저 범죄율

한국은 세계적으로 범죄율이 매우 낮은 국가 중 하나다. 미국의 데이터 분석기관인 세계인구리뷰World Population Review의 '국가별 범죄율Crime Rate by Country 2023'을 보면 한국의 범죄 지수는 26.68로 세계 136개 나라 중 116위다. 미국은 56위, 독일은 95위, 일본은 129위다. 범죄 지수는 인구 10만 명당 범죄 신고 건수로 수치가 작을수록 범죄율이 낮다는 것을 의미한다. 최근 들어 '묻지마 칼부림 사건'이 벌어지기도 했지만 우리나라와 일본은 다른 나라에 비해 상대적으로 안전하다는 사실을 알 수 있다. 살인율은 세계적으로 가장 낮은 수준이다. UN마약범죄사무소UNODC 자료를 보면 2020년 한국 살인율은 인구 10만 명당 0.6명으로 세계 주요 96개 나라 중 83번째로 낮았다.

한국 내 범죄율이 낮은 건 다양한 제도·환경적 요인이 작용한 결과다. 일단 총기와 같은 위험한 무기 소유를 철저히 금지하고 있다. 또 전국 어디를 가든지 곳곳에 설치돼 있는 방범용 CCTV도 범죄를 억제하는 큰 역할을 한다. CCTV가 지켜본다고 생각하면 범죄를 저지를 엄두를 내기가 힘들기 때문이다. 한국인터넷진흥원에 따르면 국내에서 민간·공공기관이 설치·운영하는 CCTV만 2021년 말 기준 1,600만여 대에 달한다. 인구 1명당 CCTV가 0.31대 설치돼 있는 셈인데, 이는 세계 평균의 3배다.

특히 서울은 더욱 촘촘한 감시망을 갖추고 있다. 영국의 사이버보안 정보조사업체 컴패리텍이 세계 150개 대도시의 공공 감시카메라 수를 비교한 결과에 따르면 서울의 감시 카메라 수는 7만 7,564대에 이른다. 이는 1제곱마일(2.6km²)당 332대에 해당한다. 단위 면적당 감시 카메라 수가 세계 11위다.

차량마다 설치돼 있는 블랙박스도 사실상 움직이는 CCTV 역할을 한다. 시장조사기관 엠브레인 트렌드모니터가 집계한 수치를

보면 국내 차량의 블랙박스 설치 비율은 2019년 88.9%에 달했다. 유럽, 일본 등의 차량 블랙박스 설치 비율이 10~20%대에 불과하다는 점을 감안하면 대단히 높은 설치율이다.

여기에 흔들린 영상을 개선하는 기술, 영상 내 노이즈를 없애주는 알고리즘은 물론 위변조 이미지 감정, 동일인 식별과 같은 인공지능 기술까지 CCTV에 탑재되면서 그야말로 범죄자들이 함부로 범죄를 꿈꿀 수 없는 나라로 진화를 거듭하고 있다.

스마트폰 메신저 대화 기록을 디지털포렌식(디지털 기기 또는 인터넷에 있는 데이터를 수집·분석해 범죄를 뒷받침하는 증거를 확보하는 수사 기법)해 범인을 검거하는 일도 한국에선 흔하다. 한국 성인의 스마트폰 보급률은 95%에 달한다. 2011년 국제 대마초 밀매단 추적과 2018년 버닝썬 게이트(2018년 11월 말 서울 이태원의 클럽 버닝썬에서 발생한 폭행 사건에서 시작된 한국 연예계 유흥가 게이트) 수사 당시에도 카카오톡 대화 기록으로 용의자를 대거 찾아냈다.

경찰청 범죄통계에 따르면 2022년 한국의 범죄 검거율(발생 범죄 건수 대비 검거 건수의 비율)은 79.5%이고, 살인의 경우 94.7%나 된다.

K푸드 열풍

2023년 5월 한국 최대 식품 기업 CJ제일제당은 떡볶이, 핫도그, 김밥, 김말이, 붕어빵, 호떡 등 6가지 길거리 음식을 전략 제품화한 'K스트리트푸드K Street Food'를 론칭했다. 불고기, 김치 등 K푸드가 세계적으로 인기를 끈 데 힘입어 이젠 한국 길거리 음식까지 세계 주요 시장에 출시하기로 한 것이다.

이처럼 한국인의 입맛이 세계인을 사로잡을지 누가 상상이나 했을까. 요사이 K푸드가 전 세계로 영토를 넓히는 모습은 놀라움 그 자체다. 2010년대 초 한식 세계화 사업을 통해 비빔밥, 김치, 불고기 등 전통 한식 메뉴가 알려졌다. 그리고 이제는 한국식으로 만든 핫도그, 치킨이나 '치맥(치킨과 맥주의 합성어)'처럼 한국인이 즐기는 음식과 '한국 식문화'까지 세계시장으로 빠르게 전파되고 있다. 이를 두고 미국 〈뉴욕타임스NYT〉는 2022년 10월 "한국의 음식은 문화 수출이 됐다"고 평했다. 라면, 즉석 밥, 만두, 간편식 등 다양한 한국의 가공식품들도 돌풍을 일으키고 있다. 얼마나 인기가 많은지 외국의 현지 식품업체들까지 한국 음식에 한글 이름을 붙여 판매할 정도다.

식도락을 위해 한국으로 여행을 오는 관광객도 많아졌다. 한국의 맛집을 돌아다니며 다채로운 음식을 24시간 즐긴다. 떡볶이, 튀김, 순대부터 파전까지 갖가지 음식이 넘쳐나는 전통시장과 음식점이 즐비한 거리는 늦은 시간까지 불야성을 이룬다. 언제 어디서든 다양한 음식을 배달시켜 먹을 수 있다는 점도 외국인들이 볼 때 신기하고 놀라운 광경이다. 거의 한 블록 건너 하나씩 있을 정도로 흔한 5만여 곳의 편의점에서도 다양한 즉석 간편식을 편리하게 구매해서 먹을 수 있다.

세계시장에서 70% 점유율을 자랑하는 한국의 김은 114개 나라에 수출되고 있다. 2022년 한 해 동안 6억 5,570만 달러의 수출액을 기록했는데, 우리나라 전체 농수산식품 중 가장 큰 금액이다. 전세계 마른 김의 연간 생산량은 250억 장이다. 이 가운데 한국의 생산량이 124억 장으로, 일본(83억 장)이나 중국(44억 장)보다 훨씬 많다. 김은 최근 아시아 국가뿐만 아니라 북미, 유럽 등 서방 국가에서도 활발한 소비가 이뤄지고 있다. 세계 주요 도시 대형마트는 물론이고 중소 규모 슈퍼마켓에서도 한국 김 상품을 쉽게 찾아볼 수 있을 정도다. 한국 김이 주로 수출되는 곳은 미국, 일본, 중국, 태국, 러시아다. 찹쌀을 입혀 튀긴 김부각 스낵 등의 소비도 늘고 있다.

K푸드 해외 영토 확장··· 해외 한식당 8년 새 4배 증가

　농림축산식품부 산하 식품진흥원에 따르면 2017년 기준으로 세계 90개 나라에 3만 3,499개의 해외 한식당이 영업 중이다. 2009년(9,253개)과 비교하면 8년 새 4배 가까이 늘어난 수치다. 손님의 70%는 한국인이 아닌 현지 외국인으로 집계됐다. 미국에만 7,000여 개의 한식당이 있다.

　세계적인 미식 리스트 '미쉐린 가이드'에서 별을 획득한 한식당도 꾸준히 늘고 있다. 식품학자인 크리쉬넨두 레이Krishnendu Ray 미국 뉴욕대 교수가 분석한 자료에 따르면 '2022년 미쉐린 가이드 뉴욕'에는 2006년에 비해 4배나 많은 한식당이 포함됐다. 한식당의 식단가 중간값은 미국에서 식단가가 높기로 유명한 일본 초밥(235달러)의 4분의 1이지만 프랑스 식당(63달러)과는 엇비슷한 수준이다. 현지인들에게 한식이 어느 정도 고급 음식으로 간주되고 있다는 뜻이다.

　한식진흥원의 '해외 한식 문화·산업 빅데이터 분석 보고서'에 따르면 김치, 불고기, 비빔밥 등 익히 알려진 메뉴는 물론이고 소주, 김치찌개, 갈비, 호떡, 삼겹살, 떡볶이 그리고 한국식 치킨과 한국식 바비큐(고기구이), 한국식 김밥, 달고나 커피, 한국 과자·라면까지 세계적으로 인기를 끌고 있다.

　특히 K라면의 해외 돌풍이 대단하다. 1963년 국내에서 첫 생산을 시작한 이후 2023년 판매 60주년을 맞은 K라면이 이제는 전체

매출의 절반을 해외에서 거둬들이고 있다. K라면이 세계시장에서 인기를 끌자 중국과 동남아 등지에서 한국의 라면 제품 디자인을 베낀 짝퉁도 쏟아지고 있다. 심지어 세계 최초로 인스턴트 라면을 개발한 라면 종주국 일본의 식품 회사가 국내 불닭볶음면을 모방했다는 내용이 언론에 보도될 정도니 그야말로 '진격의 K라면'이다.

K푸드 열풍이 거세지면서 매운 음식을 찾는 현지인도 늘어나고 있다. 한식진흥원이 월마트와 아마존의 한식 관련 상품 월별 리뷰를 토대로 집계한 결과, 전체 2,863건의 K식품 중 삼양식품의 '불닭볶음면'이 239건(8.3%)으로 단일 상품 중에선 가장 높은 비중을 차지했다.

K콘텐츠가 키운 한식 열풍

이처럼 해외에서도 주목할 만큼 K푸드가 급성장한 것은 한식 자체의 탁월한 맛과 한국만의 독특한 식문화 덕분이다. 문화체육 관광부의 '2022 해외한류실태조사' 보고서를 보면 한식이 왜 인기가 있는지를 묻는 질문에 33.8%가 맛을 꼽았다. 한국 식문화 간접 경험(15.1%), 건강에 좋은 식재료(9.6%) 등의 답변이 뒤를 이었다.

SNS도 한몫했다. 이색 콘텐츠가 이목을 끄는 SNS 특성상 상대적으로 낯선 한국 식문화 관련 영상물이 주목받았고, 재미 삼아 한 번 맛본 한식이 입소문을 타면서 한식에 대한 관심이 커졌다는 분석이다. K팝 스타와 K영화·드라마를 통해 본 한국인의 식문화에 대한 궁금증도 한식에 대한 인기로 이어졌다. 한국 최초로 아카데미 작품상을 받은 영화 〈기생충〉(2019)의 짜파구리(짜장라면 '짜파게티'와 우동라면 '너구리'를 섞어 끓인 라면)와 세계적으로 인기몰이를 했던 넷플릭스의 한국 드라마 〈오징어 게임〉(2021)에 등장한 도시락, 달고나 등이 대표적이다. 〈기생충〉의 미국 개봉 이후 아마존과 월마트의 짜파게티·너구리 구매 후기는 이전보다 2배가량 증가했다. 떡볶이, 김밥, 호떡 등은 BTS 멤버들이 먹은 음식으로 주목을 받았다.

그 밖에 고추장, 고추장 베이스 양념 소스, 간장 베이스 불고기소스 등 조미료와 한국 홍삼 성분 함유 건강보조식품, 그리고 라면조리용 양은 냄비와 막걸리 사발 등 한식 관련 주방용품도 인기를 끌고 있다. 식품 기업 '대상'은 글로벌 식품업체들의 격전지인 미국 월마트, 코스트코 등 5,000여 곳의 점포에서 '종가 김치'를 판매 중이다. 대상 청정원의 글로벌 브랜드 '오푸드'의 고추장은 미국 2만여 개 점포에 입점했다. 한국인들처럼 냉장고에 고추장과 김치, 냉동 만두를 쟁여두고 먹는 외국인들이 점차 많아지고 있다는 뜻이다.

샘표식품의 샘표 고추장은 2021년 9월 세계적 권위를 자랑하는 영국 식음료 시상식인 '그레이트 테이스트 어워즈Great Taste Awards'에서 3스타(Exquisite 등급)를 수상했다. 출품된 1만 4,000여 개 제품 중 3스타를 받는 제품은 1%에 불과하다. 앞서 2020년 5월에는 샘표식품의 간장 브랜드인 '연두'가 미국의 '푸드 앤 베버리지 상FABI Awards'에서 '올해의 혁신 제품상'을 수상하기도 했다. 100% 콩 발효로 만든 맑은 간장에 가까운 '연두'는 음식에 깊은 감칠맛을 더해주고 한식뿐만 아니라 양식에도 잘 어울린다는 점에서 높은 평가를 받았다.

K프랜차이즈의 진격

한국 외식 브랜드 역시 K푸드 열풍을 타고 해외로 확장을 거듭하고 있다. 한국식 양념치킨이 대표적이다. 70년 전통을 자랑하는 미국의 치킨 프랜차이즈 KFC가 최근 미국에서 곤혹스러운 경험을 하고 있다는 소식도 들린다. 매장을 찾은 소비자들이 매콤하면서도 달콤한 한국식 양념치킨을 찾아서다. KFC는 '켄터키 프라이드치킨Kentucky Fried Chicken'의 약어인데 일부 사람들이 이를 '코리안 프라이드치킨Korean Fried Chicken'으로 오인해서 벌어진 일이다. 현지인들에 따르면 몇몇 매장에선 간판의 KFC를 그대로 풀어쓰는 방식으로 표기를 바꾸거나 브랜드명과 함께 풀어쓴 내용을 병행 표기하는 일까지 벌어졌다고 한다.

미국에 진출한 BBQ는 2022년 6월 미국 외식업계 전문지 '네이션스 레스토랑'이 선정하는 '미국 내 가장 빠르게 성장하는 외식 브랜드' 2위에 올랐다. BBQ는 향후 2년 내에 미국 매장을 1,000개까지 늘리는 야심 찬 계획을 세웠다. 교촌치킨, 굽네치킨, 맘스터치 등 다른 한국 프랜차이즈들도 활발하게 점포를 늘리고 있다.

한국을 대표하는 베이커리 브랜드인 '파리바게뜨'와 '뚜레쥬르' 역시 해외시장에서 인기를 끌고 있다. 단팥빵, 피자빵 등 다양한 한국식 빵을 찾는 외국인들이 가파르게 늘고 있다고 한다. 파리바게뜨는 미국에서만 120개 점포를 운영하는 등 북미·유럽 시장에서 사업을 적극적으로 확대하고 있다. 파리바게뜨는 1988년 서울 광화문 1호점을 시작으로 2014년 7월 프랑스 파리에 해외 1호점(샤틀레점)을 냈다. 싱가포르, 말레이시아 등 해외 10개 나라에서 450여 개의 글로벌 매장을 운영 중이다. 뚜레쥬르 역시 미국, 중국, 베트남, 인도네시아 등 6개 나라에 진출했다.

최근 한국 시장에서 보편화되고 있는 밀키트 등 간편식 제품도 해외로 진출하고 있다. 밀키트는 가정에서 15분 안팎의 짧은 시간

미국 뉴욕 맨해튼의 BBQ K-타운점에서 한국식 치킨을 즐기고 있는 사람들

안에 간편하게 먹을 수 있도록 음식 재료와 양념을 손질한 요리 키트다. 떡볶이, 제육볶음 등 한식부터 파스타, 밀푀유나베까지 그 종류가 다양하다. 한국의 밀키트 전문업체 프레시지는 미국, 캐나다, 호주, 홍콩, 베트남, 아랍에미리트 등에 자사 제품을 수출하고 있다.

외국인도 반한
번개 배송 문화

'빨리빨리'는 한국 사람들이 가장 많이 쓰는 단어 중 하나다. 식당에서도, 업무를 볼 때도 '빨리빨리'를 입에 달고 산다. 그 때문에 한국을 찾은 일부 외국인들은 한국 사람들이 너무 여유가 없어 보여 정신이 없다는 불만을 토로하기도 한다. 하지만 이런 '빨리빨리' 문화를 70여 년 만에 극빈국에서 산업화·민주화·선진화를 모두 이룬 '한국의 기적'을 가능하게 한 저력 중 하나로 평가하는 외국인들도 적지 않다. 빠른 업무 처리와 신속함이 세계 8위 국력을 갖춘 한국의 토대가 됐다는 것이다.

이젠 한국에 진출한 많은 외국 회사들도 이런 빨리빨리 문화에 동화되고 있다. 본국에서는 상상할 수 없는 업무 속도에 매력을 느껴서다. 한국인의 정체성 중 일부가 된 이런 빨리빨리 문화가 완벽하게 구현된 분야 중 하나가 바로 배달·배송 문화다. 배달시킬 수 없는 것이 거의 없을 정도인데 그 속도도 가히 다른 나라는 엄두도 내지 못할 정도다. 한국에선 더 빠른 게 바로 경쟁력이다.

서울 한강공원 한복판에서 '짜장면 시키신 분'을 찾는 중국집 배달 기사도, 한밤중에 음식을 배달시켜 먹는 사람도, 퇴근길에 온라인으로 장을 본 물품이 주문한 사람보다 먼저 집에 도착해 있는 일도 한국에선 흔히 볼 수 있다. 한국 특유의 빨리빨리 문화가 배송 서비스 시간을 주문 다음날에서 당일로, 그리고 주문 후 몇 시간 내로 단축하는 배달 문화를 만들어냈다. 더 나아가 주로 음식 주문과 배달을 중개하던 플랫폼들이 사업을 유통판매업으로 확장하면서 이젠 주문 후 30분~1시간 안에 신선식품을 포함한 거의 모든 물건을 집에서 편하게 받을 수 있게 됐다.

도시락·커피부터 파스타·삼겹살까지 배달

배달 서비스가 얼마나 진화했는지 가장 쉽게 체감할 수 있는 분야가 음식 배달이다. 치킨, 피자, 족발 등은 물론 도시락, 커피, 파스타, 구운 삼겹살까지 집으로 배달해준다. 특히 외국인들은 개인 주소지가 없는 야외 공간에서도, 한밤중이나 이른 새벽에도 음식을 배달시켜 먹을 수 있는 한국의 배달 문화에 적잖이 놀라곤 한다. 한국·미국인 국제부부가 운영하는 유튜브 채널 '다이애나인코리아'의 '24시간 동안 한국 배달 음식 먹어보기' 영상은 구독자 수(23만 명)의 20배가 넘는 472만 뷰를 기록했을 정도로 화제를 모았다.

코로나19 팬데믹 이전부터 한국의 음식 배달 시장은 폭발적인 성장세를 구가 중이었다. 2019년 '쿠팡이츠'가 음식 배달 시간을 1시간 내외에서 30분 안팎으로 크게 줄인 '단건 배달 서비스'를 선보이면서 음식 배달 시장이 더욱 빨라졌다. 배달 기사 1명이 한 번에 3~4건을 배달하던 묶음 배달 대신 한 번에 1건만 배달하는 단건 배달로 시장이 커지자 '배달의민족' 역시 단건 배달 서비스 '배민1'을 내놨고, 또 다른 배달 주문 플랫폼 '요기요'도 단건 배달을 선택할 수 있는 '요기배달'을 출시했다.

통계청 '온라인쇼핑 동향'에 따르면 배달 음식(음식 서비스) 온라인 거래액은 2017년 2조 7,000억 원에서 코로나19 팬데믹 때인 2022년에는 26조 5,940억 원으로 폭증했다. 시장 규모가 5년 새 10배 가까이 커진 셈이다. 또 2023년 2월 기준 전체 온라인 음식 주문 중 모바일 주문이 98%를 차지했다. 핸드폰 주문이 거의 전부라고 봐도 될 듯하다.

한국의 음식 배달 시장성장률은 세계시장과 비교하면 더 두드러진다. 에바마리 밈켄 스위스 취리히연방공대ETH 식품시스템 경제학과 교수와 마크 벨레마르 미국 미네소타대 응용경제학과 교수 연구팀이 2022년 8월 국제학술지 〈사이언스〉에 공개한 연구 결과에 따르면 전 세계 음식 배달 시장은 2018년 900억 달러(118조 원)에서 2021년 2,940억 달러(387조 원)로 227% 급성장했다. 같은 기간 한국의 음식 배달 시장성장률은 385%에 달했다. 빅데이터 분석업체 모바일인덱스에 따르면 국내 배달 주문 플랫폼 3사(배달의민족, 요기요, 쿠팡이츠)의 월간활성이용자수MAU는 2023년 2월 기준 2,922만 명에 달한다.

주문 후 30분 내 배송 '퀵커머스' 시동

통계청이 조사하고 발표한 한국 소비 시장의 온라인 침투율(전체 소비 중 온라인 거래가 차지하는 비중)은 2021년 기준 48%다. 품목별로 가전 58.1%, 서적 54.8%, 가구 48.8%, 화장품 39.4%, 패션 31.7%, 음식료품 25.2% 등의 순이다.

이마트, 롯데마트, 홈플러스 등 주요 마트 3사의 온라인 몰은 오전에 주문하면 당일에, 오후에 주문하면 다음 날에 배송해주는 서비스를 운영하고 있다. 쿠팡, 마켓컬리, 오아시스 등 온라인 기반 플랫폼들은 밤 11~12시 전까지 주문하면 다음날 오전 7시 전까지 배송을 보장하는 '새벽배송'을 해주고 있다. 새벽배송은 유통업체들이 지역별로 도심형물류센터를 두고 물건을 직매입한 뒤 주문이 들어오면 즉시 출고하는 형태다. 네이버쇼핑을 운영하는 네이버는 2022년 '모든 마트 오늘 도착'을 내걸고 통합 퀵커머스quick commerce 플랫폼 '네이버 장보기'를 내놨다. 이처럼 배송 경쟁이 치열해지면서 한국에서는 소비자가 원하는 시간대에 물품을 받아볼 수

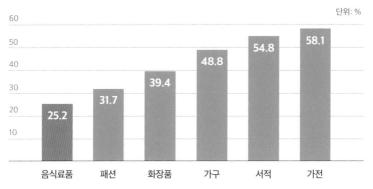

상품군별 온라인 침투율

단위: %

- 음식료품: 25.2
- 패션: 31.7
- 화장품: 39.4
- 가구: 48.8
- 서적: 54.8
- 가전: 58.1

출처: 통계청

있는 쇼핑 문화가 당연시되고 있다.

게다가 음식 주문·배달을 주로 했던 플랫폼들이 커머스 사업에 본격적으로 뛰어들면서 주문 후 30분~1시간 내에 집까지 배송되는 '퀵커머스' 시대가 활짝 열리게 됐다. 기존 대형 유통사들도 퀵커머스 서비스를 앞다퉈 내놓고 있다. 신세계그룹의 '쓱고우', 홈플러스 '즉시배송' 등이다. 쓱고우는 스타벅스, 이마트, 와인앤모어, 노브랜드 등 신세계그룹 브랜드 상품을 1시간 내 배달해주는 서비스로 2022년 시작됐다. 밀키트, 반려동물용품 등 없는 것이 없을 정도다. 2022년 말 시작된 홈플러스 즉시배송은 전국 253개 '홈플러스 익스프레스' 매장에서 고객에게 배송해준다.

해외 직구도 주문 후 3일이면 '딩동'

통상 통관 절차까지 일주일 이상 소요되던 온라인 해외 직구(직접구매) 배송 시간도 최근 짧게는 3일로 크게 단축됐다. 글로벌 전자상거래 시장 규모가 1,000조 원을 돌파한 가운데 빠른 배송이 보편화된 한국 시장이 아마존과 알리익스프레스, 아이허브 등 글로벌 이커머스E-commerce(전자상거래) 기업들의 격전지로 급부상한 영향이 크다.

글로벌 기업들은 국내 물류 파트너사와 제휴를 맺고 빠른 배송을 앞세워 한국 시장 공략에 속도를 내고 있다. 알리익스프레스는 3~5일 내 배송 서비스와 함께 일부 지역에서는 당일·익일 배송도 되는 '초이스' 서비스를 내놔 국내 소비자들의 주목을 받았다. 아마존도 국내 대표 이커머스 플랫폼 11번가와 손잡고 '아마존 글로벌 스토어'를 운영 중인데, 이를 통해 한국 소비자들은 아마존의 미국 상품을 평균 배송일 4~8일 사이에 받아볼 수 있다.

안젤리나 졸리도 선택한
한국에만 있는 전세

전세 제도는 한국에만 있는 독특한 임대차 계약이다. 인도와 아프리카 일부 국가에도 전세가 있긴 하지만 한국처럼 광범위하게 활용되는 곳은 없다. 이 때문에 전세를 표현하는 영어 단어도 한국어 발음 그대로 'Chonsei' 또는 'Jeonse'이다.

지난 2019년 미국 할리우드 스타 안젤리나 졸리도 서울 종로구 사직동에 있는 고급 주상복합 아파트를 전세로 계약하면서 한동안 화제를 모았다. 그녀가 캄보디아에서 입양한 아들 매덕스가 그해 연세대에 입학하면서 서울에 전세로 집을 마련한 것이다.

전세는 임차인(세입자)이 일반적으로 집값의 40~80%에 해당하는 전세보증금을 집주인에게 지불하고, 집주인은 계약 만료 때 임차인에게서 받은 보증금을 그대로 돌려주는 임대차 계약이다. 보통 2년 단위로 계약하는데 입주할 때 내는 전세보증금 외에는

월 임차료 등 다른 비용이 따로 들어가지 않는다. 처음에 전세보증금이라는 목돈을 마련해야 하는 부담은 있지만 추가로 들어가는 돈이 없으니, 세입자 입장에서는 상당히 안정적인 주거 형태인 셈이다. 미국을 비롯한 대다수 국가의 경우, 일반적으로 집을 빌리고 월세를 내거나 주택담보대출을 일으켜 주택을 구매한 뒤 20~30년에 걸쳐 집값을 갚아나가는데 그런 방식과는 많이 다르다.

KB금융지주 경영연구소가 조사한 결과에 따르면, 2020년 전세가 차지하는 비중은 전체 주거 형태의 15.5%로 나타났다. 임대주택 시장에서는 전세가 50%를 차지하고, 보증금을 일부 내고 월세를 낮추는 반전세(전세와 월세의 중간 형태)까지 합하면 그 비중이 92%에 육박했다.

내 집 마련 사다리 '전세'

한국의 전세는 자가 구입의 사다리 역할을 해왔다. 주택을 구입할 만큼 충분한 현금이 없더라도 전세 제도를 활용하면 내 집 마련이 가능하다. 집을 산 뒤 전세를 놓아 보증금을 받으면 매매가와 전세가 차이(갭)만 현금으로 가지고 있어도 집 구매가 가능해지기 때문이다.

당장 내 집에 들어가 살 순 없어도 세입자에게 전세금을 돌려줄 수 있을 만큼 돈을 모으면 된다. 은행에서 세입자에게 돌려줄 전세금만큼의 주택담보대출을 일으켜도 내 집에 들어가서 살 수 있다. 장기적으로 한국의 부동산 가격이 꾸준히 우상향했다는 점을 감안하면 갭 투자를 통해 일찍 집을 사는 것이 자산을 불리는 탁월한 재테크 수단이었던 게 사실이다.

임차인도 매달 월세를 내는 것보다 목돈을 집주인에게 저축한 것처럼 맡겨놓는 전세를 선호한다. 만기 때 보증금을 고스란히 돌려받기 때문에 경제적으로 부담이 훨씬 덜하다고 생각하는 임차인들이 많다. 전세금을 하나의 저축 수단으로 간주하는 것이다. 그리고 전세 세입자가 만기 때 돌려받은 전세금에 저축한 돈을 합쳐 주

서울 남산에서 바라본 강남구 압구정 일대 아파트 단지 전경
© 매일경제DB

택을 구입하는 경우가 한국에선 일반적이다. 이처럼 집주인과 세입자 간 이해가 맞아떨어지면서 한국에선 전세가 일반적인 주택임대차 형태가 됐다.

전세가 만능은 아냐

다만 최근 들어서는 전세 제도의 문제점이 부각되고 있다. 금리 상승으로 집값이 하락하자, 집값이 전세보증금에 못 미치는 역전세 현상이 큰 걱정거리로 대두했다. 역전세 현상이 벌어지면 제대로 전세보증금을 돌려받지 못하는 상황이 발생할 수 있기 때문이다.

실제로 일부 지역에서 집값이 전셋값 아래로 떨어져 전세금을 돌려받지 못하는 사태가 벌어져 수많은 세입자들이 큰 피해를 보기도 했다. 이 같은 전세 제도의 취약성에 대해 로이터통신은 "한국의 전세는 주택을 보유할 가능성이 낮은 20대와 30대에게 특히 인기가 높다"면서도 "과도한 부동산 투자로 인해 파산에 이른 임대인들이 전세 보증금을 반환하지 못하고 있어 젊은 세입자들이 피해를 입고 있다"고 보도하기도 했다. 일각에서는 한국 사회의 인구절벽 등으로 과거와 같은 집값 폭등 가능성이 점차 줄어들 것으로 분석하고 있다. 집값이 꾸준히 상승할 것이라는 전제하에 활성화됐던 전세수요가 줄어들고 다른 나라처럼 월세 위주 임대계약이 확산될 것이라는 전망이다.

어디서나 빵빵 터지는
와이파이

외국인에게 한국의 매력을 느끼게 하려면 PC방에 데려가라는 우스갯소리가 있다. 최근 외국인의 한국 탐방기를 담은 예능 프로그램 〈어서 와~ 한국은 처음이지?〉에 핀란드인 3명이 PC방을 체험하는 모습이 담겼다. 우리에게는 너무도 익숙한 PC방이지만 핀란드에는 PC방이라는 게 없다고 한다. 최신식 컴퓨터와 다채로운 간식거리, 편안한 의자 등 시설 자체가 이들에게는 놀라움의 대상이었다. 더구나 게임을 하면서도 전혀 끊김이 없고 클릭과 동시에 해당 페이지 전체가 뜨는 빠른 인터넷 속도에 놀라움을 금치 못했다.

한국에서 인터넷은 우리가 숨을 쉴 때 필요한 공기와도 같다. 식당과 카페, 버스나 지하철은 물론 야외 공원과 광장에도 와이파이가 깔려 있고 대부분 무료다. 웹 서핑, 음악 감상, 동영상 시청

서울 시내 2,320개 버스 정류장에서 제공하는 무료 공공 와이파이

등도 손쉽게 할 수 있다. 특히 해외에서는 투숙객만 인터넷을 사용할 수 있도록 하거나 투숙객에게도 사용 요금을 결제하도록 하는 호텔이 종종 있지만 언제나 '고객 퍼스트'인 한국의 호텔에서 무료 인터넷은 당연한 일이다.

스마트폰 국민의 95% 사용, 보급률 세계 1위

한국에선 바다 위에서나 산 정상, 섬 지역에서도 인터넷 이용이 어렵지 않다. 한국인들은 언제 어디서나 인터넷에 연결돼 있다고 해도 과언이 아니다. 실제로 한국 사람들의 '정보기술 접근성'

은 세계 최고 수준이다. '인터넷월드스태츠'가 공개한 '2022년 세계 인터넷 이용 통계'에 따르면 한국은 인터넷 이용률이 전체 인구의 97%에 달한다. 아이슬란드(99.0%), 쿠웨이트(98.3%), 덴마크(97.8%)에 이어 세계 230여 개 나라 중 4위다. 영국(94.9%), 대만(94.8%), 일본(93.3%), 미국(90.3%) 등에 앞선다. 참고로 중국은 69.8%, 세계 평균은 65.6%였다.

이뿐만이 아니다. 2022년 한국갤럽조사연구소가 전국 만 18세 이상 1,000명을 대상으로 조사한 결과, 한국 성인의 스마트폰 보급률은 95%로 집계됐다. 미국 시장조사기관 '퓨Pew 리서치 센터'가 세계 27개 나라를 대상으로 조사한 결과에서도 스마트폰 사용 비중이 가장 높은 나라는 한국이었다. 한국의 성인 휴대전화 보급률은 조사 대상국 중 유일하게 100%였고, 이 중 95%가 스마트폰을 사용하는 것으로 집계됐다. 27개 나라 스마트폰 평균 보급률은 76%였다.

과학기술정보통신부의 '무선 통신 서비스 통계 현황'에 따르면 국내 이동전화 가입 회선은 2022년 5월 말 기준 약 7,381만 개였고, 스마트폰 회선은 5,389만 개에 달했다. 같은 달 행정안전부 주민등록 총인구수가 5,158만 명임을 감안하면 우리나라 전체 인구보다 사용하는 스마트폰 숫자가 더 많은 셈이다. 이처럼 높은 인터넷 이용률과 스마트폰 보급률은 한국의 높은 모바일 쇼핑 비중과 연관성이 깊다.

스마트폰 첫 이용 연령도 점점 낮아지고 있다. 연세대 바른ICT

연구소 연구진이 6세 이하 자녀를 둔 부모 602명을 대상으로 조사해 2020년 발표한 '영·유아의 스마트 미디어 사용 실태와 부모 인식 분석' 보고서에 따르면, 자녀가 스마트폰 등 스마트 미디어를 사용한다고 답한 사람은 59.3%였다. 특히 스마트폰을 처음 접하는 평균 나이는 1.8세로, 2014년 선행 연구 당시(만 3세)보다 1.2세 더 앞당겨진 것으로 나타났다. 말과 글보다 스마트폰 사용법에 먼저 익숙해지는 셈이다.

IT 강국 한국, 세계 최초 5G 상용화

'IT 강국'으로 꼽히는 한국은 세계 IT 기술의 테스트베드다. 2016년 3월 구글의 자회사 딥마인드가 개발한 인공지능 기술을 테스트하기 위해 이세돌 9단과 바둑 인공지능 '알파고AlphaGo'가 대국을 벌인 곳도 한국이었다.

2018년 평창 동계올림픽 때는 KT가 세계 최초로 5세대(5G) 이동통신 시범 서비스를 선보여 화제를 모았다. KT와 SK텔레콤, LG유플러스 등 이동통신 3사가 2019년 4월 5G 서비스를 동시 개통해 세계 최초로 5G를 상용화한 나라로 자리매김했다. 1996년 세계 최초로 2세대 이동통신(2G CDMA)을 상용화한 이후 23년 만이었다.

비슷한 시기 미국의 이동통신 1위 업체 버라이즌도 5G 서비스를 상용화했지만 최고 속도가 한국의 절반 수준에 그쳤다. 유럽 국가들은 대부분 2020년 2분기 이후에야 본격적인 5G 상용화에 나섰다. 한국과 비교하면 도입이 1년 이상 늦은 셈이다. 한국은 5G 가입자 수 역시 세계 최고 수준이다. 영국 시장조사업체 오픈시그널이 2022년 7월 발표한 조사 결과에 따르면 한국은 5G 체감 품질을 측정하는 5G 이동통신 다운로드 속도 등에서도 세계 1위를 차지했다.

5G는 일반 이동통신보다 최대 70배 속도가 빠르다. 5G 이동통신망에서는 사물인터넷IoT을 통해 1km 반경의 기기 100만 개에 연결할 수 있고, 시속 500km의 고속열차에서도 끊김 없는 통신이 가능하다. 1GB 크기의 동영상도 10초 내로 다운받을 수 있을 뿐만 아니라 증강현실AR이나 가상현실VR 콘텐츠도 실시간으로 경험할 수 있는 수준이다.

K의료서비스는
외국인의 로망

2002년 한·일 월드컵 당시 4강 신화를 이끌었던 거스 히딩크 전 축구 국가대표팀 감독은 2014년과 2022년 한국에서 제대혈 줄기세포 무릎 연골 재생 수술을 받았다. 2014년 1월 오른쪽 무릎 수술을 받은 뒤 8년 후 왼쪽 무릎 수술도 받았다. 첫 수술 후 1년 만에 히딩크 감독의 오른쪽 무릎 연골이 90% 이상 재생됐다고 한다. 히딩크 감독은 한국 언론과의 인터뷰에서 "8년 전 첫 수술을 받은 뒤 강도 높은 테니스, 골프는 물론 간단한 축구까지 다시 즐길 수 있게 돼 정말 행복했다. 세계 최고의 의료기술을 가진 한국 의료진에게 나의 반대쪽 무릎을 맡기기로 한 건 당연한 결정이었다"라고 말했다.

통계청이 발표한 '2021년 생명표'에 따르면 한국인의 평균 기대수명은 83.6년으로 '선진국 클럽'으로 불리는 경제협력개발기

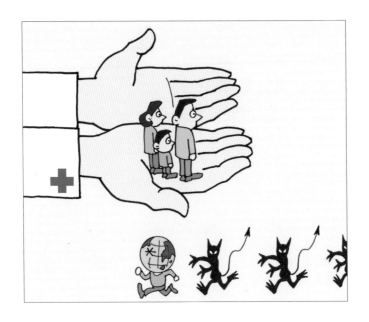

구OECD 회원국 평균을 크게 웃돈다. 남성 기대수명은 80.6년으로
OECD 평균(77.7년)보다 2.9년, 여성은 86.6년으로 OECD 평
균(83.1년)보다 3.5년 길다. 우리나라의 남성 기대수명은 38개
OECD 회원국 중 이탈리아와 공동 9위, 여성 기대수명은 장수 국
가로 유명한 일본에 이어 세계 2위에 해당한다.

1970년대만 해도 한국 남성과 여성 기대수명은 각각 58.7년,
65.8년에 불과했다. OECD 평균(남성 66.3년, 여성 72.6년)에 크게
미달했다. 그런데 불과 50여 년 만에 기대수명이 20년 이상 길어
진 건 놀라운 일이다. 한국이 1996년에 OECD에 가입했는데 7년

만인 2003년 한국 여성 기대수명이 OECD 평균을 넘어섰고, 한국 남성 기대수명은 2005년을 기점으로 OECD 평균보다 높아졌다. 지난 30년간 OECD 회원국 중 기대수명이 가장 빠르게 늘어난 나라가 바로 한국이다.

세계 최고 수준의 의료 접근성

한국인 기대수명이 미국, 독일, 프랑스 등 주요 선진국들보다도 높은 이유가 뭘까. 건강보험의 높은 보장성과 낮은 의료수가, 우수한 의료 기술 등이 첫손으로 꼽힌다. 건강보험 시장이 민간 중심으로 돌아가는 미국의 경우, 의료비 부담 탓에 감기와 같은 가벼운 질병으로는 병원을 찾는 경우가 흔치 않다. 하지만 한국에서는 흔한 감기에 걸려도 누구나 자기 부담금 3,000원 안팎의 비용으로 진료를 받을 수 있다. 국민 모두 의무적으로 가입해야 하는 국민건강보험 덕분이다. 외국인들이 가장 부러워하는 게 바로 이처럼 저렴하게 언제나 질 좋은 의료 서비스에 접근할 수 있는 한국의 건강보험 제도다.

한국의 국민 1인당 외래 진료 횟수는 연간 14.7회다. 이는 OECD 평균인 5.9회를 크게 상회할 뿐만 아니라 OECD 회원국 중 가장 높다. 건강보험 덕분에 병원비 부담이 크지 않아서다. 이처럼 병원비 부담이 크지 않다 보니 이곳저곳 병원에 다니면서 진료받는 의료 쇼핑과 과잉 진료가 사회적 이슈가 될 정도다. 이런 과잉 진료 부작용이 있다 해도 세계 모든 나라가 부러워하는 의료 접근성이라는 장점이 그런 단점을 상쇄하고도 남는다.

'질병의 예방 활동을 통해 막을 수 있는 사망'과 '시의적절한 치료를 통해 막을 수 있는 사망'을 '회피가능사망'이라고 부른다. 한국은 높은 의료접근성 덕분에 회피가능사망률이 인구 10만 명당 147명이다. OECD 평균인 215명과 비교하면 훨씬 낮다. 그만큼 인명 손실을 잘 막아내고 있다는 뜻이다.

회사가 직원들과 배우자에게 제공하는 건강검진 서비스도 기대수명을 높이는 데 크게 일조했다. 위내시경 등 건강검진이 활성화되면서 위암으로 사망하는 확률이 남성의 경우 2001년 5.1%에서 2021년 2.4%로 대폭 줄었다. 같은 기간 여성도 2.8%에서 1.3%로 절반 이상 떨어졌다.

전반적인 보건의료 환경도 탁월하다. OECD 회원국들의 국가별 보건의료 통계를 담은 데이터베이스DB인 'OECD 보건통계 2022'에 따르면 한국은 국민 건강(기대수명, 회피가능사망률 등)뿐만 아니라 보건의료 이용, 의료 장비 보유 수준이 OECD 평균보다 매우 높다. 자기공명영상장치MRI와 컴퓨터단층촬영CT 등 물적 자원이 풍부하고 병원 병상은 OECD 평균(인구 1,000명당 4.3개)의 약 3배인 인구 1,000명당 12.7개에 달한다.

다만 한의사를 비롯한 임상의사 수는 인구 1,000명당 2.5명으로 적은 편이다. OECD 평균인 3.7명에 못 미치고 간호 인력 역시

1,000명당 8.4명으로 OECD 평균인 9.7명보다 적은 편이다. 이 같은 인력 부족에도 불구하고 우리나라의 건강지표가 우수한 것은 병원 인프라 접근성이 좋기 때문이다. 도시 곳곳에 1차 병원이 촘촘하게 자리하고 있고 2차·3차 병원도 권역별로 고루 분포해 있다.

외국인이 찾는 K의료

세계 최고 갑부인 무함마드 빈 살만 사우디아라비아 왕세자는 2022년 11월 방한했을 때 서울 중구 소공동 롯데호텔을 통째로 빌렸다. 통상 빈 살만 왕세자급의 외국 정상이 방한하면 응급상황에 대비해 정부가 시내 중심부 대형병원을 응급치료 병원으로 지정한다. 하지만 사우디 측은 시내 중심부에서 다소 떨어진 서울 강남의 성모병원을 응급 치료병원으로 선정했다. 기존 관행에 비춰 다소 이례적인 일이었다. 중동 의사들이 서울성모병원으로 연수를 많이 오는데 그 덕분에 서울성모병원 인지도가 높아졌기 때문이라는 해석이 나왔다.

서울성모병원은 2010년 로봇수술센터를 개설해 해외 의사들을 상대로 연수 기회를 제공하고 있다. 수술용 로봇 '다빈치' 등으로 세계 로봇수술 시장을 선도하고 있는 미국 실리콘밸리의 의료기업체 '인튜이티브 서지컬'이 2022년 4월 미국 이외 국가 중에서는 최초로 서울성모병원을 '로봇수술 프로그램 교육센터Total Observation

Center'로 선정해 세간의 주목을 받았다.

앞서 2021년 4월에는 서울대병원이 세계 최초로 로봇을 이용한 복강경 수술로 간 이식에 성공했다. 개복(배를 열어 수술하는 것)이 아닌 복강경 수술로 간을 이식하는 게 그동안 불가능한 일로 여겨져왔지만, 한국 의료진이 새로운 장을 연 것이다.

한국 의료기술은 주요 선진국 중 상위권에 속한다. 한국보건

54

산업진흥원의 '2022년 보건의료산업 기술 수준 평가 전문가 설문 및 결과 분석' 보고서에 따르면 한국의 보건의료·산업기술 수준은 세계 최고 의료기술 보유국인 미국과 비교했을 때 79.4% 수준으로 평가됐다. 미국과의 기술 격차는 2.5년이었다. 미국 대비 유럽은 88.4%, 일본은 81.7%, 중국은 74.0%로 분석됐다. 다만 일본은 2016년에 비해 의료기술 수준이 3.8%P 떨어진 반면 같은 기간 한국은 3.3%P 올라 미국과의 기술 격차를 좁혀나가고 있다.

한국에서는 로봇수술, 줄기세포 치료 등 IT·바이오 신기술에 대한 거부감이 상대적으로 적어 최신 의료 기술이 빠르게 적용되고 있는 편이다. 특히 복강경 수술과 흉강경 수술, 이비인후과 수술 등에 로봇수술이 상당히 보편화됐다는 평가를 받는다.

성체줄기세포 활용 치료 기술은 선진국 수준으로 평가된다. 2011년 성체줄기세포 치료제를 세계 최초로 승인받았다. 현재까지 세계 각국에서 승인된 줄기세포 기반 치료제 9개 중 한국 제품이 4개(하티셀그램-AMI, 카티스템, 큐피스템, 뉴로나타-알주)로 개별 국가 중에서 가장 많다. 2019년 8월 '첨단재생바이오법' 제정으로 관련 기술 개발과 산업 성장은 더욱 탄력을 받고 있다. 보건복지부는 국내 재생의료 치료제 시장이 2026년 3억 2,000만 달러로 2016년보다 6배 이상 성장할 것으로 전망하고 있다.

세계가 주목한 코로나19 K방역

2020년 초 코로나19가 대유행하여 전 세계에 방역 비상이 걸렸다. 이때 개방성·민주성·투명성 3가지 원칙을 앞세운 K방역 모델이 세계인의 주목을 받았다. 국경 봉쇄나 록다운(외출 제한) 없이 정부의 무료 진단키트 보급과 검사를 통해 신속하게 코로나19 확진자를 판명하고, 경·중증 환자로 구분해 격리 단계를 세분화하는 한편 스마트폰 앱과 각종 데이터를 이용해 확산 경로를 체계적으로 추적했다. 정부 주도로 코로나19 진단키트를 3주 만에 개발해 보급한 것 역시 큰 화제를 모았다.

© 매일경제DB

인천국제공항 제2터미널 코로나19 검사센터의 모습

"한국에서의 코로나19 방역 성공은 코로나19에 대한 광범위한 진단이 주요 요인이다. 이는 코로나19 확산에 앞서 보건 당국이 사전 주문한 진단키트를 한국의 바이오테크 회사가 3주 만에 개발·보급한 데 따른 것이다. 드라이브스루 진단 방식, 빅데이터를 활용한 감염경로 추적, 중증도에 따른 환자 분리 치료 등 전방위적인 방역 정책으로 봉쇄 조치 없이 코로나19 확산을 성공적으로 저지했다."

_CNN, 2020.03.13.

"한국은 전 국민에게 적용되는 건강보험 제도와 확진자 증가에 따른 추가 의료인력 투입, 감염의심자 추적, 광범위한 진단 시행, 인구수 대비 충분한 병상수 확보, 드라이브스루 진단, 경증 환자 관리 체계 등으로 코로나19 팬데믹에 체계적으로 대응했다."

_경제협력개발기구 고용노동사회국, 2020.03.20.

"한국의 코로나19 방역 성공은 국민들이 공익을 위한 감시 체계를 수용했기 때문이다. CCTV, 카드 사용내역, 스마트폰 위치정보 등 광범위한 정보 수집을 통해 감염경로를 추적하고 이를 통해 감염을 차단한 것이 질병 확산 방지에 주요하게 작용했다."

_〈The Conversation〉, 2020.03.23.

"한국은 코로나19 대량 검사 시행의 선구자적 역할을 했다. 또 고도의 기술을 접목한 통합형 데이터베이스(DB) 구축으로 코로나19 감염자와 밀접 접촉자의 이동경로를 휴대전화 위치추적 기능, 신용카드 지급 기록, 대중교통 이용 기록, CCTV 기록 등을 통해 추적해냈다. 한국의 전략은 투명성과 민주주의를 기반으로 해 봉쇄령을 시행하지 않고도 경제와 사회 전반의 손실을 최소화한 전략으로 평가된다."

_〈아시아타임즈〉, 2020.07.17.

"한국 정부는 코로나19 확산을 방지하면서도 동시에 경기를 부양시키고자 비접촉식 서비스를 권장하고 있다. 일상적으로 비접촉 소비를 경험하게 됨에 따라 한국에서 '언택트'라는 신조어가 생겨났으며 정부는 디지털 뉴딜 일환으로 온라인 쇼핑이나 화상회의, 원격 의료 서비스 등의 언택트 산업 활성화를 계획하고 있다."

_세계경제포럼, 2020.08.11.

무엇보다 한국의 방역 시스템이 성공할 수 있었던 건 국민들의 협조가 있었기 때문이다. 같은 시기에 미국, 유럽 등 곳곳에서 국경·도시 봉쇄나 사업장 임시 폐쇄, 확진자 격리 같은 당국의 방역 조치를 놓고 반대시위가 벌어졌다. 이에 비해 한국인들은 공익을 위해 개인의 불편함을 기꺼이 감수했고 정부가 방역을 위해 각종 개인정보를 수집하는 것에 대해서도 수용적이었다. 덕분에 한국은 극단적인 봉쇄 정책 없이 확진자 증가세를 둔화시키는 데 성공했다.

외국인 눈에 신기한 한의학

한의학은 여러 전통 의학 가운데서도 가장 체계적인 것으로 꼽힌다. 몇 해 전 한국에서 국제아시아전통의학대회ICTAM가 열렸을 때다. 체질 맞춤형 한방 침과 뜸을 체험한 외국인들은 삼삼오오 모여 "Wonderful!"과 같은 감탄사를 쏟아냈다. 안면 근육을 풀어 인상을 밝게 해주는 '미소안면침'을 받은 동료에게는 '몰라보게 아름다워졌다'며 "Who are you?"라는 농담을 건네기도 했다.

한의학의 기본이 되는 것은 경락經絡과 음양陰陽이라고 할 수 있다. 경락은 '인체에 기氣가 흐르는 혈穴의 통로가 있다'는 것이고, 음양은 자연의 조화를 의미한다. 한의학에서는 인간을 소우주小宇宙로 여기고, 인체의 생리현상을 자연의 원리에 맞춰 다뤄왔다. 즉, 사람의 기가 막힘없이 잘 흐르고 인체의 모든 요소가 조화를 이루도록 해서 질병을 해결하는 게 한의학의 기본이다.

외국인들에게 한의학은 아직 흥미롭고 신비로운 의술 정도로만 인식되고 있다. 하지만 과학적으로 한의학의 효능을 검증하려는 시도가 계속되고 있다. 미국에서만 이미 30여 개 의과대학들이 한의학의 침, 뜸 등 다양한 의술의 원리와 효과를 과학적인 방법으로 연구하고 있고 한의학 병행 치료를 받는 환자들도 점점 늘어나는 추세다. 미국 존스홉킨스 대학병원은 암센터 내에 침술클리닉Acupuncture Clinic을 두고 있다. 존스홉킨스 대학병원 보완통합의학센터는 경희대 한의대와 교류 협정을 맺고 통증, 구토, 불면, 우울증 등을 치료하는 데 침술을 활용하는 등 이용범위를 확대해나가고 있다.

하버드대 의대 마추푸Qiufu Ma 신경생물학 교수 연구진이 2021년 10월 쥐의 뒷다리 족삼리혈 자리에 전기 침 치료를 시행했더니, 전신에 염증이 줄어드는 효과가 나타났다는 연구 결과를 국제학술지 〈네이처〉에 발표한 적이 있다. 눈병을 치료하고 눈을 밝게 해준다고 해서 한의학에서 '광명光明(족소양담경의 경혈)'으로 불려온 복사뼈 위쪽 다리의 혈 자리를 자극했더니 실제로 시력 개선 효과가 나타났다는 연구 결과도 있다.

또 최근 들어 신경 조절을 활용한 전자약 개발이 확대되고 있는데 이는 한의학의 침 치료를 과학적으로 활용하는 것과 비슷한 개념이다. 전자약은 약물 대신 전기나 전자기파, 빛, 초음파 등의 물리 자극을 이용해 신경·세포·조직·장기에 영향을 주는 신경신호(회로)를 자극하고 이를 기반으로 대사기능을 조절하는 신개념 의료기기다. 이를 통해 질병을 진단하거나 신체 항상성을 유지하고 질병의 증상을 완화할 수 있을 것으로 기대를 모으고 있다.

세계에서 가장 빠른
고령화 나라 한국

　한국 지하철에는 노약자석이 있다. 노인과 장애인, 어린이, 임산부 등 사회적 약자를 위한 전용석으로 열차 칸 양 끝에 3~6석씩 마련돼 있다. 그런데 몇 년 전부터 이 자리를 두고 갈등을 빚는 사례가 자주 발생하고 있다. 가파르게 늘어나는 노인 인구에 비해 좌석이 점점 부족해지고 있어서다. 더군다나 한국은 65세 이상 노인에게 공공 지하철 무임승차 혜택을 주고 있어 지하철이 노인들에게 필수적인 이동 수단으로 자리매김하고 있다. 임신 초기 여성이 노약자석에 앉았다가 노인들로부터 "왜 여기에 앉느냐"고 핀잔을 받는 일이 벌어지는가 하면 같은 노인들끼리 자리 부족으로 옥신각신하다 큰 다툼으로 이어지는 경우도 있다.

서울 탑골공원에 앉아 있는 노인들

고령사회 진입 6년 만에 초고령사회 코앞

행정안전부의 주민등록인구통계에 따르면 2023년 4월 기준 65세 이상 노인인구는 943만 2,919명이다. 총인구수 5,140만 8,155명과 비교하면 노인인구 비율이 18.3%에 달한다. 이 같은 추세가 이어지면 2024년께 전체 인구의 20% 이상이 노인인 초고령사회에 진입하게 된다. 1955~1963년생인 베이비붐 세대가 속속 노인인구에 편입되고 있는 상황을 감안할 때 고령화 속도는 빨라질 것으로 보인다.

한국은 유례없이 빠른 속도로 초고령사회에 진입하고 있다. UN은 65세 이상 인구가 7% 이상이면 고령화사회, 14%를 넘으면 고령사회, 20% 이상이면 초고령사회로 분류한다. 경제협력개발기구 회원국 중 일본, 독일, 이탈리아 등 11개 나라가 초고령사회에 진입했다. 한국은 2018년 고령사회로 분류된 지 불과 6년 만인 2024년에 초고령사회에 진입할 것으로 보이는데 세계에서 유례가 없을 정도로 빠른 속도다.

이처럼 한국의 고령화가 갈수록 빨라지는 것은 1인당 소득 증가와 의료·복지 서비스 고도화 등 선진국화로 평균 수명은 점점 늘고 있는 반면 경제적 부담, 경력 단절 등으로 출산 기피 현상이 심화하면서 출생률이 수직으로 하락하고 있는 탓이다. 저출생으로 총인구가 줄어들다 보니 노인 비중이 갈수록 높아질 수밖에 없는 구조다.

저출생은 합계출산율(여성 1명이 평생 낳을 것으로 예상하는 평균 출생아 수)이 2.1명 이하인 경우를 말한다. 합계출산율이 1.3명 이하인 경우는 초저출생으로 본다. 그런데 2022년 한국의 합계출산율은 0.78명에 불과하다. 경제협력개발기구 38개 나라의 평균 합계출산율(2020년 1.59명)의 절반에도 못 미칠 뿐만 아니라 합계출산율이 1명을 밑도는 나라는 세계에서 한국이 유일하다. 한국은 이미 2017년 합계출산율 1.05명으로 초저출생 사회가 됐고 이후 2018년부터는 합계출산율이 1명을 넘기지 못한 채 계속 떨어졌다. 이런 추세가 이어지면 전체인구가 급격하게 줄어들 수밖에 없다. 그만큼 저출생은 한국 사회가 당면한 최대 문제라고 할 수 있다.

통계청에 따르면 2021년 내·외국인을 합한 총인구는 5,173만 8,000명으로 사상 처음 감소세로 전환했다. 2020년 5,182만 9,000명이었던 총인구가 10만 명 가까이 줄어든 것이다. 코로나19 팬데믹 탓에 해외 유입 인구가 줄기는 했지만 총인구가 감소한 건 1949년 집계를 시작한 이래 처음 있는 일이다.

노인 1,000만 명 시대 소비 트렌드

노인인구 비중이 급팽창하면서 한국의 소비 트렌드도 빠르게 변화하고 있다. 대표적인 것이 딱딱한 음식을 씹기 어려운 노년층을 타깃으로 한 연화식이나 질병을 관리하는 데 도움을 줄 수 있는 맞춤 영양식 같은 '케어푸드care food' 시장의 빠른 성장이다. 케어푸드는 질병의 예방과 관리를 위해 특별한 영양 관리가 필요한 환자, 고령자, 임산부 등 특정 소비층에 맞춰 제조·가공한 특수용도식품이다. 조리가 간편하고 치아가 약해도 잘 씹혀 쉽게 소화가 되면서도 필요한 영양 성분을 충분히 섭취할 수 있도록 제조·가공된 것이 특징이다. 죽과 같은 음식뿐만 아니라 고등어구이, 치킨, 제육볶음 같은 일상적인 음식까지 연화식으로 간편하게 즐길 수 있다.

국내 식품 회사들이 앞다퉈 케어푸드 전용 브랜드와 제품을 쏟아내면서 케어푸드 시장은 빠르게 성장하고 있다. 한국농수산식품유통공사aT 식품산업통계정보시스템에 따르면 국내 케어푸드 시장 규모는 2022년 2조 5,000억 원대에서 2025년엔 3조 원대로 성장할 전망이다.

노년을 앞두고 있거나 노년에 접어든 지 얼마 되지 않은 50·60대 '액티브 시니어'층은 한국 사회에서 새롭게 떠오르는 핵심 소비 인구다. 소비 시장 트렌드는 20·30대가 주도하는 게 일반적이지만 골프장이나 휴양지 리조트, 피트니스센터 같은 레저스포츠 시장과 자동차, 명품 등을 아우르는 고가 제품 시장에서는 최근 액티브 시니어들이 존재감을 드러내고 있다. 이들은 젊은 층에 비해 안정적인 경제력과 과거에 비해 젊어진 신체 나이를 토대로 활발하게 소비활동을 하고 있다.

시장조사기관 카이즈유데이터연구소에 따르면 2023년 1~4월 50·60대의 신차 구매 비중은 34.5%였다. 이는 같은 기간 30·40대의 구매 비중 31.3%보다 높았다. 2022년까지만 해도 30·40대의 신차 구매 비중이 50·60대보다 높았지만 역전된 것이다. 최근 5년 간 신차와 중고차에 대한 연령별 구매 추이를 분석해도 30·40대 는 하향곡선, 50·60대 구매는 꾸준히 상승곡선을 그리고 있다.

스마트 기술이 집약된
한국의 대중교통

더운 여름날이나 추운 겨울날 밖에서 버스를 기다리는 것만큼 힘든 일도 없을 것이다. 하지만 한국에서 버스를 이용하는 시민들의 사정은 조금 다르다. 수도권을 중심으로 전국 주요 도시의 시내버스 정류장에는 여름엔 쿨링의자, 겨울엔 온열의자가 기동된다. 이 가운데 일부는 외부 온도에 따라 자동으로 작동하는 스마트 쉼터로 운영되고 있다. 실외 공간에 이런 온도 조절 시스템을 보편적으로 갖추고 있는 곳은 세계에서 한국 외에는 찾기 힘들다.

서울 성동구가 전국 최초로 선보인 최첨단 스마트 쉼터에는 공기 중 바이러스를 99% 제거하는 자외선uv 살균기가 설치돼 있다. 지능형 CCTV로 버스 정류장에 접근하는 버스 모습도 실시간으로 보여준다. 또 주변 이상행동을 인공지능 기술로 감지해 성동경찰서·소방서와 상황을 공유하는 기능도 갖추고 있다. 비명 등 이상

음원을 감지하는 시스템도 탑재돼 있어 신속한 범죄 대응도 가능
하다. 버스나 지하철에서 생활 정보까지 제공하는 디스플레이 화
면과 천장의 태양광 패널로 내부 전력을 생산하는 전원장치, 열화
상 카메라로 사람들의 출입을 통제하는 자동스크린 도어 등 스마
트 기술이 집약된 버스 정류장은 한국에서만 찾아볼 수 있다.

세계 최고 수준의 서울 지하철

서울 지하철은 서울시민의 발이다. 일평균 700만여 명이 이용한다. 서울 시내 어디든 다 갈 수 있을 만큼 촘촘하게 지하철이 연결돼 있어 외국인들도 쉽게 이용할 수 있다. 쾌적한 지하철 내부와 관련 시설도 세계 최고 수준이다. 엘리베이터와 에스컬레이터는 거의 모든 역에 설치돼 있고, 휠체어 리프트와 무빙워크는 각각 64개 역 131대, 8개 역 24대가 설치돼 있다.

영국의 부동산 개발회사 에센셜 리빙Essential Living이 세계에서 가장 붐비는 10개 도시 지하철 이용객 만족도를 조사한 '2023년 세계 최고의 지하철 시스템The World's Best Subway Systems 2023'에서 서울 지하철은 종합 1위를 차지했다. 그다음은 상하이, 도쿄, 멕시코시티, 런던 순이었다. 접근성(계단을 통하지 않고 지하철을 이용할 수 있는 장애인 편의시설 설치 현황), 편리성(운행 시간, 비접촉 결제 시스템), 반려동물 친화적 환경, 연결성(와이파이 무선인터넷 서비스), 편안함(에어컨·화장실 설비), 가성비(1회권·월 정기권 티켓 가격), 인프라스트럭처(열차 등 시설 노후화 여부) 등을 종합적으로 평가한 결과다.

2023년 1월 기준 서울 지하철은 1~9호선과 우이신설선, 신림선 등 12개 노선을 운행하고 있다. 지하철역은 337개, 이 중 노선 간 갈아타기가 가능한 환승역은 전체의 36.5%인 123개에 달한다. 하루 평균 717만 5,300명, 연간 26억 명이 서울 지하철을 이용한다. 승객수로는 베이징과 상하이, 도쿄에 이어 세계 4위다. 940km에 달하는 선로 길이 기준으로는 세계 1위다.

지하철 운행 중에도 이동통신 서비스가 가능하고 역마다 무료 와이파이가 깔려 있어 끊김 없이 인터넷을 사용할 수 있다는 것도 큰 장점이다. 미국 뉴욕 지하철의 경우, 지하철 역사에서 승강장으로 내려가면 통신 속도가 느려지고 지하철이 다음 역으로 출발하면 인터넷은 물론 문자 메시지와 전화 통화도 힘들다. 하지만 서울에서 지하철을 타면 지상에 있는 것처럼 열차 안에서 웹 서핑이나 음악·영상 감상, 연락 등을 자유롭게 할 수 있다.

신용카드 또는 교통카드를 활용한 비접촉·스마트폰 결제 시스템이나 쾌적한 실내 환경도 강점이다. CNN은 "서울 지하철은 휴대전화 이동통신 서비스와 와이파이를 모두 갖춘 세계 유일의 지하철 시스템이다. 거의 모든 지하철에는 TV가 갖춰져 있고, 겨울에는 외부 온도에 따라 실내 온도를 자동으로 조절한다"고 평가했다.

이처럼 시설 편의성이 높지만 요금은 저렴하다. 2023년 7월 기준으로 서울 지하철의 1회권 기본요금은 1,250원, 월 정기권은 5만 5,000원이다. 가성비로 보면 멕시코시티, 상하이, 모스크바에 이어 세계 4위라고 한다. 지하철은 서울·인천·경기 수도권은 물론 부산·대구·광주·대전에서도 운행되고 있다. 또 65세 이상은 지하철을 공짜로 이용할 수 있다.

환승할인도 되는 한국의 교통망

한국의 교통 체계는 수도권을 중심으로 방사형으로 뻗어나간다. 수도권의 주요 지하철역과 시내·시외버스 환승센터, 고속버스 터미널, 고속철도(KTX, SRT)를 포함한 기차역, 김포·인천 국제공항, 시내 공항이 모세혈관처럼 연결돼 있다. 대중교통만 이용해도 어느 지역이든 편리하게 찾아갈 수 있다. 도서나 산간 오지에도 마을버스가 다닌다. 수도권의 모든 지하철·버스는 통합 환승 시스템을 갖추고 있어 지하철과 버스를 갈아탈 때 환승할인을 받을 수 있다.

버스 체계도 마을버스부터 시내버스, 광역·간선급행버스, 시외버스, 고속버스, 공항버스 등으로 세분되어 이동 구간, 요금에 따라 선택의 폭이 넓다. 전국 고속도로에 버스전용차로가 따로 운영되고 있어 버스가 막힘없이 운행된다. 정류장을 대폭 줄인 급행버스는 직장인들의 통근 시간을 확 줄여줬다.

모바일 웹이나 스마트폰 앱을 통해 편리하게 열차 운행 시간표나 실시간 버스 위치, 예상 대기시간 등을 확인할 수 있다는 점도 한국 대중교통 시스템의 큰 장점이다. 한국의 버스 정류장에서는 오랜 시간 버스를 기다리는 사람을 찾아보기 힘들다. 스마트폰만 있으면 전국 모든 정류장에 몇 번 버스가 몇 분 뒤에 오는지 또 그 버스의 현재 위치는 어딘지 알 수 있다. 특히 광역버스 같은 좌석버스의 경우 빈자리가 몇 석인지도 실시간으로 확인할 수 있다. 주요 도시의 시내버스 정류장에도 이처럼 버스 도착 정보를 알려주는 전광판이 설치돼 있다.

티켓 예매와 결제도 스마트폰을 이용해 간편하게 할 수 있다. 정보기술을 접목한 택시 호출 서비스도 보편화돼 있다. '카카오 택시'가 대표적이다. 목적지를 입력하면 소요 시간, 요금을 곧바로 알려주고 5분 안팎에 배차가 이뤄진다. 배차 후 실시간으로 택시 위치를 알려주고 탑승 후에도 '공유' 기능을 통해 가족이나 지인에게 탑승한 택시의 기본정보와 실시간 위치, 도착까지 남은 시간, 하차 여부 등을 알 수 있다.

세계 최고 교량 기술의 집합체, 바다 위 인천대교

동북아 허브로 급부상한 인천 송도국제도시와 영종도 인천국제공항 사이 12.34km를 잇는 '인천대교'는 2009년 10월 왕복 6차로로 개통됐다. 수도권 남부지역에서 인천공항으로 이동하는 시간을 40분 단축했다. 다리 길이는 해상 교량구간만 12.34km, 접속도로를 포함한 총연장은 21.27km에 달한다. 국내에서 가장 긴 다리이고, 세계에서도 6번째로 길다. 다리 한가운데 우뚝 솟은 주탑 2개 높이는 238.5m로 63빌딩(249m)과 맞먹는다. 2023년 기준 국내에서 가장 높은 건축 구조물은 서울 송파구 잠실 롯데월드타워(555.65m)다.

인천대교 전경

2부

세계에서
활약하는
한국인

2006년 5월 24일 낮 12시 30분. 스위스 제네바 중앙역 인근에 있는 노트르담 성당이 사람들로 북적였다. 1,000명을 웃도는 사람들이 참석한 가운데 영결 미사가 있었는데 그 주인공이 한국인이었다. 세계보건기구who 사무총장 자리에 올라 3년간 헌신한 이종욱 전 WHO 사무총장 영결 미사였다. UN 산하 국제기구 수장들은 물론 각국 보건관련 부처 장관, 외교사절 등 수많은 사람이 운집했다.

전 세계에서 애도의 목소리가 이어졌다. 영결식이 치러지는 내내 노트르담 성당에서는 WHO 직원들의 울음소리가 끊이지 않았다. 우리와 대치 관계에 있던 북한도 이례적인 반응을 보였다. 리철 북한 대사는 "조선 민족의 도덕과 신의를 겸비한 분, 제네바 외교계에서 존경받는 분"이라며 "고인은 평소 우리 직원들을 인간답게 대해줬다"고 말했다. 아시아의 슈바이처, 행동하는 사람, 백신 황제 등으로 불리던 이종욱 전 사무총장 서거 소식에 코피 아난 당시 UN 사무총장은 "오늘 세계는 위대한 인물 하나를 잃었다"라며 슬퍼했다.

2000년대 들어 IMF 외환위기를 빠르게 극복한 한국은 세계 10위 경제 대국이라는 위상을 확보했지만, 국제기구에서 그만큼 존재감을 보여주지는 못한다는 지적을 받아왔다. 이 같은 한계를 깨트리는데 선구자적 역할을 한 인물들이 바로 이종욱 전 사무총장과 반기문 전 UN 사무총장 등이다. 최근에는 아시아개발은행ADB 사무총장에 1.5세 재외동포 한국인인 엄우종 전 ADB 지속가능개발 기후변화국장이 선임돼 화제가 되기도 했다.

국제기구 빛낸
한국의 거인들

작은 거인 이종욱 총장

2003년 1월 이종욱 WHO 결핵퇴치국장은 여러 나라에서 추천된 80여 명의 후보자와의 경쟁 끝에 WHO 제6대 사무총장에 선출됐다. WHO 사무총장에 오른 두 번째 아시아인이었다. 한국인으로는 처음으로 국제기구 수장에 오르면서 국제사회에서 한국의 위상을 드높였다.

서울대 의과대학을 졸업한 이 전 사무총장은 하와이대에서 보건의료학 석사를 취득한 뒤 1983년 남태평양 피지섬에서 나병퇴치팀장으로 일하며 WHO와 인연을 맺었다. WHO에서 백신면역국장, 결핵퇴치국장 등을 역임했다. 당시 그는 '아시아의 슈바이처'라는 별명을 갖고 있었다. 1994년 어린이백신사업 일환으로

개발도상국에 뇌수막염, B형 헤모필루스 인플루엔자 백신을 보급
하는 데 힘쓰는 한편 소아마비 퇴치에도 심혈을 기울였기 때문이다.
1995년 백신면역국장으로 일하면서 당시 소아마비 유병률을 세계
인구 만 명당 한 명 이하로 떨어뜨리는 데 혁혁한 공을 세웠다는
평가도 받았다. 미국의 유명 과학잡지 〈사이언티픽 아메리칸〉은
이종욱 사무총장에게 '백신의 황제'라는 칭호를 붙이기도 했다.

2000년 결핵퇴치국장에 오른 그는 글로벌조달기구를 설립하고,
개발도상국에 결핵퇴치프로그램을 확대했다. 2001년에는 북한을
방문해 치료제 6만 명분을 제공하기도 했다. 이 같은 결핵퇴치프
로그램 덕분에 2004년부터 결핵감염률이 급격하게 떨어지기 시작

했다.

그가 WHO 사무총장에 오르고 가장 힘쓴 분야 중 하나는 에이즈AIDS 퇴치였다. 2005년까지 300만 명의 에이즈 환자에게 치료제를 보급한다는 '3by5' 캠페인을 내걸고 재원 확보를 위해 당시 조지 부시 미국 대통령, 빌 게이츠 재단 등을 돌며 동참하길 설득했다. 이 사업으로 2008년 300만 명의 에이즈 환자가 치료받았고 이후 에이즈 관련 사망률이 줄기 시작했다. 이 사업은 공중보건 역사상 가장 위대한 업적 중 하나로 평가받고 있다. 2004년에는 국제 공중보건 위기 상황에서 컨트롤 타워 역할을 할 '전략보건운영센터SHOC'를 설립했다. 1년에 150일 이상 출장을 다니면서도 항상 이코노미석을 이용하고 최소한의 수행원만 대동하는 모습을 보여주기도 했다.

하지만 과로에 시달리던 이종욱 사무총장은 2006년 5월 20일 뇌경색으로 안타까운 죽음을 맞고 말았다. 조지 부시 미국 대통령은 이종욱 사무총장을 기리며 "수백만 명의 건강을 위한 최고의 보건 책임자였다"고 추모했다.

인간적인 지도자 반기문

2006년 10월 당시 반기문 외교통상부 장관이 UN 총회에서 사무총장으로 선출됐다. 분단국으로 UN에 가입조차 할 수 없었던

한국은 UN 가입 15년 만에 UN 사무총장을 배출함으로써 국제사
회의 이목을 집중시켰다.

　반기문 전 총장은 초등학생 시절인 1956년 UN과 연을 맺은 적
이 있다. 헝가리에서 국민봉기가 일어났을 때 그는 학교 대표로 다
그 함마르셀드 UN 사무총장에게 자유와 평화를 위해 투쟁해줄 것
을 요청하는 탄원서를 보냈다. 고등학생 때는 주한 미국 대사관이

주관하는 프로그램에 한국 대표로 선발돼 케네디 대통령을 만나기도 했다. 이 자리에서 케네디 대통령이 "꿈이 뭐냐"라고 물었을 때 "외교관"이라고 답한 일화는 유명하다. 그는 이때부터 외교관을 꿈꿨고 1970년 제3회 외무고시에 차석으로 합격했다.

UN 사무총장에 오른 뒤 파리협약 타결에 적극 나서면서 1997년 교토의정서 이후 10년 가까이 자리를 잡지 못했던 세계 기후변화협약을 이끌어냈다. 2014년 아프리카에서 에볼라바이러스가 창궐했을 때에는 신속하게 UN 안전보장이사회를 소집해 대응했다. 남수단 내전 중재를 기반으로 남수단이 독립할 수 있는 계기를 마련하기도 했다. 반기문 전 총장은 연임에 성공하면서 2016년까지 UN 사무총장직을 맡았다.

2011년 영국 BBC는 반기문 전 총장을 "근면하고 진지한 지도자이며 조화를 이끌어내는 데 뛰어난 능력을 보였다"고 평가했다. 영국 〈데일리 텔레그래프〉는 "재직 시절 극빈층 영유아 사망률이 낮아졌고 여아 교육 비율이 최고 수준에 다다랐다"고 했으며 2016년 〈포브스〉는 '강하고 인간적인 지도자'로 그를 묘사했다.

극빈층 돌본 세계은행 총재 김용

한국계 이민 1.5세대인 김용 미국 다트머스대 전 총장은 2012년 힐러리 클린턴 전 미국 국무부 장관 등을 제치고 세계은행 총재에 지명됐다. 아시아계 인사가 세계은행 총재에 오른 건 그가 최초다. 1982년 미국 브라운대를 졸업한 뒤 하버드대 의대로 진학해 의학 박사학위는 물론 인류학 박사학위까지 받은 그는 2004년부터 2006년까지 WHO 에이즈국장을 역임하며 이종욱 사무총장과 함께 에이즈 퇴치에 힘쓰기도 했다. 이 같은 공로를 기반으로 2009년 아시아인 최초로 미국 아이비리그 대학(다트머스대) 총장에 올랐다.

그는 세계은행 총재에 오른 뒤에도 글로벌 유행병 대처를 위해 5억 달러의 기금을 조성하는 업적을 남겼다. 2017년 김용 총재는 연임에 성공했지만 임기를 3년 가까이 남기고 2019년 돌연 사임했다. 외신들은 도널드 트럼프 당시 미국 대통령과 갈등 때문이라고 분석했다. 김용 총재가 추진하던 국제 원조 등에 트럼프 정부가 불만과 비판을 제기해왔기 때문이다.

아시아개발은행 사무총장 엄우종

2021년 2월 엄우종 아시아개발은행ADB 행정국장이 사무총장으로 선임됐다. 아시아개발은행 사무총장에 한국인이 선임된 것은 2006년 이영회 사무총장 이후 15년 만이었다. 엄우종 사무총장은 1975년 11살 때 부모와 함께 한국에서 필리핀으로 이민을 갔다. 마닐라국제학교에서 중고등학교에 다니고 1982년 미국으로 건너가 대학에 다녔다. 1986년 보스턴칼리지 컴퓨터공학부를 졸업한 뒤 프로그래머로 미국에서 일했다. 1993년 다시 필리핀으로 돌아간 그는 아시아개발은행에 입사한 뒤 두각을 나타내기 시작했다.

입사 21년 만인 2014년에는 아시아개발은행 사상 최연소 행정국장에 오르면서 능력을 인정받았다. 아시아개발은행 행정국장에 한국인이 이름을 올린 것은 그가 처음이었다. 이어 사무총장이 된 그는 재직하면서 여러 성과를 냈다. 그는 아시아개발은행의 청정에너지 투자 금액을 기존 5억 달러에서 20억 달러로 늘리는 데 핵심적인 역할을 했다. 800억 달러 규모에 달하는 아시아개발은행 기후변화프로그램을 기획하고 주도적으로 이끌었다.

국제사회에서 한국인들의 위상이 점점 높아지면서 국제기구에서 활약하는 한국인들도 늘어나는 추세다. 외교부 자료에 따르면 UN과 같은 국제기구에서 일하는 한국인(전문직 P급 이상)은 1999년 193명(26개 기구)에서 2021년에는 1,039명(81개 기구)으로 크게 늘어났다. 통상 고위직으로 분류되는 'D급' 이상은 1999년 10명에서 2021년 63명으로 증가했다.

스포츠 변방에서
강국으로

영국 BBC가 2023년 4월 영국 프리미어리그 토트넘 소속 손흥민 선수 사진과 함께 그를 극찬하는 기사를 내보냈다.

> "아시아 축구 최초의 글로벌 슈퍼스타. 아시아인 최초로 프리미어리그 100호 골에 도달한 그의 여정은 역사책에 남을 것이다."

손흥민은 영국 런던 토트넘 홋스퍼 스타디움Tottenham Hotspur Stadium에서 열린 2022~2023 프리미어리그 브라이턴전 전반 10분에 오른발 감아차기로 개인 통산 100호 골을 터트렸다. 아시아인 최초이자 역대 34번째 대기록이다. BBC는 "손흥민이 2015년 독일 레버쿠젠에서 토트넘으로 이적한 뒤 세계 최고 선수 중 한 명이 됐다"

며 "무엇보다도 겸손하고 주변 사람들까지 기분 좋게 만드는 낙천적인 성격"이라고 그를 평가했다.

한국의 스포츠는 광복 이후 '잘 살아보세'라는 기치 아래 고군분투하던 국민들에게 꿈과 희망이었다. 피, 땀, 눈물로 국위를 선양하는 선수들을 보면서 국민들은 자기 일처럼 기뻐했다. 1976년 몬트리올 올림픽에서 양정모 선수가 첫 금메달을 따고 돌아왔을 때, 수만 명의 인파가 도로로 뛰쳐나와 태극기를 흔들기도 했다. 한·일전은 양국 간 자존심 전쟁이었다. 1954년 스위스 월드컵을 앞두고 치러진 한·일전에서 당시 이유형 축구 대표팀 감독이 "일본을 이기지 못하면 모두 현해탄(대한해협 남쪽)에 몸을 던지겠다"라는 말로 출사표를 던지기도 했다.

한 나라의 스포츠는 그 나라의 국력과 맞닿아 있다. 한국 경제가 빠르게 성장하면서 스포츠 역시 위상에 걸맞게 두각을 나타내기 시작했다.

아시아의 호랑이에서 세계 축구 강국으로

한때 한국에서는 "너 박지성 알아Do you know Ji-sung Park?"라는 영어 질문이 "너 싸이 알아Do you know PSY?"와 함께 마치 '밈Meme(패러디물 형태로 인터넷상에서 유행하는 생각이나 행동)'처럼 휩쓴 적이 있었다. 2002년 월드컵 4강 진출이라는 신화를 써냈지만 한국 축구는 당

프리미어리그 토트넘 홋스퍼 FC에서 활약 중인 손흥민

시만 해도 아시아에서만 통한다는 평가를 벗어나지 못했다.

K리그에서 공 좀 찬다는 선수들은 네덜란드나 일본, 프랑스 리그에 진출했다. 스페인, 영국, 이탈리아, 독일과 같은 세계 최고 수준 리그에 아시아인이 진출해서 좋은 활약을 펼치기는 어려운 일이었다. '탈 아시아'급으로 평가받은 차범근 선수가 1980년대 독일 분데스리가에서 눈부신 활약을 펼쳤지만 이후에는 눈에 띄는 한국 선수들을 좀처럼 찾아보기 힘들었다. 한국의 간판 스트라이커 황선홍 선수가 1990년대 일본 J리그에서 득점에 올랐던 게 그나마 위안거리였다.

이때 박지성이 세계 최고 구단 중 한 곳인 맨체스터 유나이티드에서 웨인 루니, 크리스티아누 호날두 등 세계적인 선수들과 한솥밥을 먹게 된 건 한국 축구계에 큰 자랑거리였다. 박지성 이후 이영표, 설기현, 기성용 등이 잇달아 영국 리그에 진출하면서 한국 축구도 빠르게 성장했다. 이어 나타난 손흥민은 그 누구도 해내지 못한 성공 신화를 이어가고 있다.

한국 축구 국가대표팀 주장이기도 한 손흥민은 유소년 시절부터 눈에 띄는 성적을 보였다. 2010년 독일 함부르크 SV 입단과 함께 분데스리가 데뷔전에서 골을 터트린 그를 독일 명문 축구구단 레버쿠젠이 역대 최고 이적료를 주고 영입했다. 이후 2015년 이적료 3,000만 유로(약 408억 원)에 토트넘으로 옮겼는데 이는 2023년 김민재의 이적이 있기까지 아시아 출신 선수 중 역대 최고 이적료였다. 2021~2022년 프리미어리그 득점왕과 함께 축구 선수가 받을 수 있는 최고의 상으로 꼽히는 '발롱도르' 후보에 오르기도 했다. 프리미어리그와 UEFA챔피언스리그 아시아 국적 선수 최다 골, 최다 어시스트 등의 기록 행진을 하며 한국을 넘어 전 세계에서 인정받는 스타플레이어로 자리매김했다.

지금까지 유럽 리그에서 두각을 나타낸 한국 선수 대부분은 공격수와 미드필더였다. 최근에는 '아시아의 스위퍼' 홍명보 선수의 뒤를 잇는 대형 수비수가 이탈리아와 독일 무대에서 좋은 활약을 펼치고 있다. 이적한 첫해에 팀을 이탈리아 리그 우승으로 이끈 후 독일 축구 명문 바이에른 뮌헨으로 이적한 김민재가 바로 그 주인공이다.

키 190cm, 몸무게 88kg의 건장한 체격을 가진 김민재는 원래 공격수였다. 하지만 수비수로 전환한 고등학교 이후 여러 대회를 휩쓸며 존재감을 키웠다. 일반적으로 축구 경기에서는 공격수가 눈에 띄지만 김민재는 거침없는 몸놀림과 넓은 활동 반경, 좀처럼 지치지 않는 체력으로 매 경기 두각을 나타냈다. 축구 경기 해설진이 "김민재, 김민재, 김민재"라며 같은 이름을 잇달아 외치는 일이 잦을 정도였다.

2017년 전북현대모터스에 입단하자마자 주전 센터백 자리를 꿰찬 김민재는 곧바로 국가대표에 발탁되며 유망주로서 두각을 나타냈다. 특히 당시 전북현대모터스 최강희 감독은 기자들을 만날 때마다 "김민재는 적으로 만나고 싶지 않다. 유럽에서 성공할 선수다"라는 말로 칭찬을 아끼지 않았다.

이후 중국을 거처 2021년 튀르키예(터키) 페네르바체 SK에 입단하면서 유럽 무대에 서게 됐다. 2022년 이탈리아 명문구단 나폴리에 입단했고, 나폴리는 33년 만에 리그 우승을 거머쥐었다. 김민재는 2022년 9월 이탈리아 리그 '이달의 선수'에 선정됐는데 아시아 선수가 이달의 선수에 오른 것은 김민재가 처음이었다. 김민재는 2023년 7월 독일의 바이에른 뮌헨으로 이적에 성공했다. 이적료는 우리 돈 약 710억 원인 5,000만 유로로 손흥민을 제치고 아시아 선수로는 역대 최고 몸값을 기록했다. 스포츠 업계에서는 김민재를 두고 "오늘 몸값이 가장 싼 선수"라는 말을 할 정도로 앞으로의 활약을 기대하고 있다.

동남아시아 축구 감독은 모두 한국인?

한국 축구의 외연 확대는 단지 선수에 그치지 않는다. 박항서 감독이 베트남에서 또 다른 한류를 만들어낸 이후 한국 감독의 몸값이 치솟고 있다. 2022년 1월 동남아시아의 월드컵으로 불리는 '동남아시아축구선수권대회' 4강 진출국은 인도네시아와 베트남, 말레이시아, 태국이었다. 베트남은 박항서 감독이, 말레이시아는 김판곤 감독이, 인도네시아는 신태용 감독이 지휘봉을 잡을 정도로 동남아시아에는 한국인 감독이 많다.

2017년 10월 박항서 감독이 지휘봉을 잡은 베트남은 2018년

© 매일경제DB

포니정 혁신상 수상식에서 인사말을 하고 있는 박항서 베트남 축구 전 국가대표팀 감독

자카르타−팔렘방 아시아경기대회 4강, 2018년 아세안축구연맹AFF 챔피언십(스즈키컵) 우승, 2019년 동남아시아 경기대회 우승, 베트남의 첫 월드컵 최종예선 진출 등의 성과를 거뒀다. 이후 자연스럽게 한국인 감독에 대한 몸값이 높아졌다. 신태용 감독은 2019년 10월부터 인도네시아 국가대표팀을 이끌면서 2020년 아세안축구연맹AFF 챔피언십 준우승을 거둬 찬사를 받았다.

박세리에 이어 최경주, 고진영과 김시우까지

"한국 여자골프는 왜 강한가"라는 질문이 나온 지 20년이 다 돼 간다. 외신들은 부모들의 헌신과 엄청난 연습량, 그리고 체계적인 국가대표 시스템, 뛰어난 주니어 육성 프로그램을 한국 여자골프 가 탁월한 성적을 내게 된 배경으로 꼽는다.

1998년 7월 7일 미국 블랙울프런Black Wolf Run에서 개최된 US여자 오픈 연장전. 18번 마지막 홀에서 박세리의 드라이브 티샷이 연못 에 빠졌다. 메이저 대회 첫 우승을 노리던 박세리는 신발과 양말을 벗고 물속으로 들어가 공을 쳤는데 기막힌 샷이 나왔다. 샷도 샷이 었지만 당시 양말에 감춰져 있던 박세리의 하얀 발과 훈련으로 검게 그을린 다리 색이 대비되면서 국민들은 진한 감동을 받았다.

엄청난 연못 샷으로 승부를 연장으로 끌고 간 박세리는 한국인 으로는 처음으로 US오픈에서 우승하는 영광스러운 기록을 세웠 다. IMF 외환위기로 힘들던 시절 박세리에게 US오픈을 안겨준 연 못 샷은 양희은이 부른 노래 〈상록수〉의 가사 "끝내 이기리라"와 맞물려 두고두고 국내외에 회자됐다. 박세리의 뒤를 이어 김미현, 박지은, 신지애, 박인비, 최나연과 같은 '세리 키즈'가 연거푸 등장 해 LPGA를 점령하면서 다른 나라 선수들의 질시를 한몸에 받기 도 했다. 2015년, 2017년, 2019년 시즌에는 고진영과 박성현, 김 효주 등 한국 선수들이 LPGA 투어 절반에 가까운 15승을 거두기 도 했다.

　LPGA뿐만이 아니다. 최경주는 2002년 미국 루이지애나 뉴올리언스에서 개최된 PGA투어에서 1위를 차지하며 한국인으로는 처음으로 PGA 우승컵을 안았다. 이후 2011년까지 총 8승을 거머쥐었다. 양용은, 노승열 선수가 잇달아 PGA에서 우승하며 남자 골프도 세계적인 수준임을 확인했다. 2022년에는 만 20세 골퍼 김

주형이 윈덤챔피언십에서 우승하면서 2000년대에 태어난 선수가 PGA 투어에서 1위를 하는 기록을 세우기도 했다. 역대 통틀어 두 번째 최연소 우승 기록이다. 미국의 '골프 황제' 타이거 우즈가 처음 정상에 올랐을 때보다 8개월가량 빨랐다.

박세리와 최경주가 문을 열기 전까지만 해도 LPGA와 PGA 투어에서 이렇게 많은 한국인이 좋은 결과를 낼 것이라고는 아무도 생각하지 못했다. 이젠 LPGA와 PGA에서 미국과 호주, 영국, 남아프리카공화국 다음으로 많은 한국 선수가 활약하고 있다.

김연아 이후 이해인의 등장

김연아 선수의 등장 전, 한국은 오랫동안 피겨스케이팅 변방 국가였다. 2004년 김연아는 단돈 70만 원으로 만든 안무에다 코치도 없이 홀로 비행기를 타고 경기장에 가서 연기를 펼쳤고, 악조건 속에서도 세계주니어그랑프리에서 우승했다. 김연아는 국내에 피겨 전용 스케이트장이 없어 롯데월드, 과천 아이스링크에서 일반인과 섞여 연습해야만 했다.

김연아가 거둔 성적은 탁월했다. 2002년부터 2006년까지 전국 종합선수권대회에서 5연패를 달성했다. 2002년 김연아의 나이는 불과 11세였다. 2002년 트리글라브트로피대회 노비스(13세 이하) 부문 우승, 2004년 9월 주니어그랑프리 우승, 2006년 3월 주니어세계선수권대회 우승 등 한국인으로서는 독보적인 성적을 이어갔다. 2007년 3월 세계선수권에서 쇼트프로그램 역대 최고점인 71.95점을 받은 김연아는 2009년 세계선수권대회에서 '마의 점수'로 여겨지던 200점을 사상 처음 뛰어넘었다. 2010년 밴쿠버 동계올림픽에서는 금메달을 따며 피겨 여제로 등극했다.

2023년 3월 이해인이 ISU 세계선수권대회에서 은메달을 획득하면서 김연아 이후 10년 만에 한국 피겨스케이팅 선수가 다시 시상대에 올랐다. 이해인 역시 어렸을 때부터 여러 기록을 쏟아내며 김연아를 이을 주자로 주목받았다. 13세이던 2018년 10월 한국 선수 역대 최연소로 ISU 주니어그랑프리 대회에서 메달을 획득했고 2019년엔 김연아 이후 처음으로 ISU 주니어그랑프리 2개 대회 연속 우승을 차지하기도 했다. 2022년 3월에 열린 ISU 세계선수권대회에서는 196.55점으로 7위에 오르면서 2021년 10위에 이어 2년 연속 '탑10'에 오르기도 했다. 한국 선수가 2년 연속 세계신수권대회 상위 10위에 진입한 건 김연아 은퇴 이후 처음이다.

메이저 리그 달구는 한국인

아버지, 할아버지 세대는 세계무대에서 활약한 한국인 야구선수를 꼽으라면 단연 장훈을 떠올린다. 장훈은 한국 프로야구가 출범하기 이전에 활약했던 선수인 만큼 지금 야구를 즐기는 국내 팬들에게는 낯설지 모른다. 하지만 1960년대 미국에 이어 세계 최고의 프로야구 리그를 갖고 있던 일본 무대를 휩쓸었던 그는 '전설의 타자'다.

일본 프로야구 무대 데뷔 시즌인 1959년 신인왕에 오른 장훈은 1981년까지 일본 리그에서 활약하면서 2,752경기에 출장, 통산 타율 3할1푼9리를 기록했다. 안타는 3,085개로 역대 1위다. 고의사구(야구에서 투수가 타격당하지 않으려고 일부러 포볼을 만드는 일)는 228개로 역대 2위를 기록했을 만큼 일본 프로리그에서 '무서운' 타자로 꼽혔다. 별명이 '안타 제조기'였을 정도다. 이 같은 활약에 힘입어 1990년에는 일본 프로야구 명예의 전당에 헌액됐다. 1982년 한국 프로야구 출범 후에는 한국으로 돌아와 한국야구위원회KBO 총재 특별 보좌관 등으로 일하며 한국 프로야구 성장에 기여했다.

이어 1994년 박찬호가 메이저리그에 진출했다. 1997년 외환위기에 빠져들었을 때 박찬호가 던진 공 하나하나는 '희망'으로 묘사되기도 했다. 박찬호는 1997년 14승, 1998년 15승, 2000년 18승 등의 성적을 올리며 미국 메이저리그에서 일본 노모 히데오와 함께 아시아를 대표하는 선수로 이름을 날렸다. 박찬호에 이어 김병현, 김선우 등이 메이저리그에서 투수로 활약했다. 2013년에는 괴물 류현진이 LA다저스에 합류, 첫해 시즌에 14승을 거뒀다. 메이저리그 최고 투수로 꼽히는 클레이튼 커쇼는 류현진을 "잠에서 깨자마자 모든 구종을 스트라이크로 던질 수 있는 선수"라며 극찬하기도 했다. 최근에는 김하성, 배지환 등 한국인 타자들도 잇달아 좋은 모습을 보이면서 추신수의 뒤를 이어 맹활약하고 있다.

배구 영웅 김연경

한국에서 월드 스타라는 별명을 갖고 있는 선수를 꼽으라면 배구의 김연경이 대표적일 것이다. 1994년 김세진이 한양대학교 재학 시절 배구 월드 리그에서 공격 부문 1위에 오르면서 '국제배구연맹'이 수여하는 '최우수 남자공격상'을 받았다. 이후 김세진에게는 항상 '월드 스타'라는 수식어가 따라다녔는데 안타깝게도 해외 리그 경험은 없다. 김연경은 해외 리그에서 맹활약하며 세계 최고 배구 스타 자리에 올랐다.

김연경은 프로 배구 출범 이후 한국 선수로는 처음으로 해외 진출에 성공했다. 일본 프리미어리그를 거쳐 유럽 무대인 튀르키예 페네르바체 SK에 입단한 김연경은 첫해 리그 우승과 득점왕, 리그 MVP를 거머쥐었다. 여자 배구 튀르키예 리그는 축구로 비유하면 영국의 프리미어리그, 이탈리아의 세리에 A와 비교할 수 있을 만큼 세계 최고의 배구 리그다. 한국의 축구 스타가 영국 프리미어리그에 진출해 첫해 팀 우승과 득점왕, 리그 MVP를 차지한 것과 견줄 만한 성과다.

2012년 런던 올림픽에서는 8경기 207득점으로 득점왕을 차지했다. 한국 여자배구 세계 랭킹은 15위지만 김연경의 활약으로 런던 올림픽, 도쿄 올림픽 4강 신화를 썼다. 국제배구연맹은 김연경에게 '배구영웅'이라는 칭호를 붙여줬다.

인공지능을 이긴 이세돌

2016년 3월 13일 서울에서 치러진 구글 인공지능 알파고와 한국의 바둑기사 이세돌 9단의 4번째 경기. 이미 3연패를 당한 상황에서 이세돌이 승리하리라 생각한 사람은 거의 없었다. AI의 승리를 예상한 사람이 압도적으로 많았다.

> "이런 수를 둘 확률은 만분의 일이었어요."
> "우리가 파악하지 못한 계산값이었어요."
> "신의 한 수라는 게 말 그대로 신의 한 수네요."

하지만 네 번째 판에서 이세돌은 신의 한 수를 찾아냈고, 알파고는 이를 극복하지 못했다. 알파고를 개발한 딥마인드의 CEO 데미스 허사비스는 "초반에는 알파고의 우세가 이어졌다. 그런데 이세돌 9단의 압박과 묘수에 알파고가 실수를 저질렀다"고 했다.

한국 바둑은 1990년대 이후 명실공히 세계 최강으로 자리 잡고 있다. 2010년대 중반 중국의 진격에 잠시 주춤하는 듯했지만 2016년 구글이 알파고와의 경쟁상대로 이세돌 9단을 점찍었듯, 바둑에서

알파고를 개발한 딥마인드의 CEO 데미스 허사비스와 이세돌 9단

한국의 위상은 수십 년째 흔들리지 않고 있다.

　1950년대부터 본 궤도에 오른 한국 바둑은 조훈현 9단이 1989년 세계프로바둑선수권대회에서 우승하면서 황금기를 맞이하기 시작했다. 1980년대에는 조치훈 9단이 일본 바둑계를 평정하며 한국 바둑기사들의 위상을 끌어올렸다. 조훈현 9단에 이어 '바둑의 신'이라는 별명이 붙었던 이창호 9단의 등장도 세계를 놀라게 했다. 14세 때 바둑왕전 우승으로 국내 최연소 타이틀을 따낸 이창호 9단은 16세 때 세계 대회에서 우승하며 최연소 세계 챔피언 타이틀을 거머쥐었다. 이창호 9단은 각종 바둑 역사를 갈아치우며 최강의 기사로 자리 잡았다. 이어 등장한 이세돌 9단은 2003년 이창호 9단을 꺾으며 전성기를 맞이했다. 2010년 광저우 아시안게임에 바둑이 추가됐을 때 이세돌 9단을 앞세운 한국은 금메달 3개, 동메달 1개를 따냈다.

2023년 5월 현재 세계 바둑 랭킹에서 1위는 신진서, 2위는 박정환, 5위는 변상일이다. 1~10위 기사 중 3명이 한국인, 나머지 7명은 모두 중국인으로 채워졌다.

BTS만이 아니라
콩쿠르, 댄스, 비보이도 한류

　공개 오디션 프로그램 중 세계에서 가장 인기가 많다고 알려진 미국 NBC의 〈아메리카 갓 탤런트〉. 한국의 공개 오디션 프로그램 〈슈퍼스타K〉처럼 일반인들이 나와 자신의 '끼'를 발산하는 프로그램이다. 공개 오디션 프로그램 대부분이 노래하는 가수에 치중된 것과 달리 아메리카 갓 탤런트는 장르 구분이 없다. 노래는 물론 춤, 마술, 성대모사 등 다양한 능력을 갖춘 사람들이 등장해 재능을 뽐낸다. 우승팀에게는 100만 달러의 상금을 준다.

　2021년 6월 아메리카 갓 탤런트에 한국인들의 눈에는 익숙한 '도복'이 대거 등장했다. 세계태권도연맹 시범단이었다. 이들 22명은 3분 30초 동안 격파 시범을 비롯한 태권도 군무를 선보이며 심사위원 전원으로부터 기립 박수를 받았다. 세계태권도연맹 시범단의 아메리카 갓 탤런트 출연은 2020년 1월 〈이탈리아 갓 탤런트〉

© 저스트 절크

〈아메리카 갓 탤런트〉에 출연한 저스트 절크

결선에 진출한 이들의 영상을 본 제작진의 요청으로 성사된 것으로 알려졌다. 2023년 4월 현재 〈아메리카 갓 탤런트〉의 태권도 시범 영상 조회수는 3,500만 회를 넘어섰다.

이보다 앞선 2017년 6월 〈아메리카 갓 탤런트〉에는 한국의 유명 댄스팀 '저스트 절크Just Jerk'가 출연, 동서양 춤을 혼합한 칼군무를 선보여 심사위원들과 관중 모두의 기립박수를 받기도 했다. 그들은 춤을 추기 전 "이제껏 보지 못한 춤을 보여드리겠다"라며 자신감을 보였고 실제로 무대를 압도했다. 2016년 6월 미국 샌디에

이고에서 열린 세계적인 힙합 댄스 대회인 '바디락 2016'에서 저스트 절크는 한국인으로는 처음으로 1위에 오르기도 했다.

전 세계에 불고 있는 K팝, 한류 바람은 비단 BTS, 블랙핑크와 같은 유명 연예인들만의 몫은 아니다. 잊을 만하면 한번씩 〈아메리카 갓 탤런트〉에 태극기가 등장하는 것처럼 세계 곳곳에서 노래로, 음악으로, 춤으로 세계인들의 마음을 사로잡는 한국인들이 상당히 많다.

쇼팽의 귀환 조성진, 시간 여행자 임윤찬

2015년 국제 쇼팽 피아노 콩쿠르에서 한국인 첫 우승자가 탄생했다. '쇼팽의 귀환'이라는 평가를 받을 만큼 뛰어난 기량을 발휘한 1994년생 피아니스트 조성진이다. 쇼팽 콩쿠르는 세계에서 가장 권위 있는 대회인 만큼 조성진의 우승은 당시 국내는 물론 해외에서도 큰 화제가 됐다. 6세 때 피아노를 시작한 조성진은 2008년 러시아 쇼팽 주니어 콩쿠르 1위, 2009년 일본 하마마쓰 국제콩쿠르 1위 등으로 주목받았다. 2011년에는 러시아 차이콥스키 콩쿠르에서 3위를 차지했다.

조성진은 2022년 3월 다시 한번 천재성을 보이며 세계의 주목을 받았다. 러시아의 우크라이나 침공으로 출연이 취소된 러시아 연주자 대타로 미국 뉴욕 카네기홀에서 열린 공연에 갑작스레 참석했다. 조성진과 빈필하모닉의 리허설이 공연 75분 전에 이뤄질 정도로 일정이 촉박했지만, 조성진은 완벽한 연주를 보여줬다. 〈뉴욕타임스〉는 "기적 같은 연주 솜씨를 보여줬다"며 "빈필하모닉과 협주는 물론 카네기홀 무대에 서는 것이 처음이었는데 조성진의 연주는 너무나도 훌륭했다"라고 평가했다.

20세기 최고의 피아니스트로 불리는 폴란드 출신의 피아니스트 크리스티안 짐머만은 조성진을 두고 "앞으로 조성진이라는 이름은 널리 기억될 것이다. 그는 매해 발전을 거듭하고 있다"라고 평가하기도 했다.

조성진뿐만이 아니다. 2022년 6월 18일, 2004년생 피아니스트 임윤찬은 제16회 밴 클라이번 국제 피아노 콩쿠르에서 우승했다. 당시 만 18세였던 임윤찬은 60년 대회 역사상 최연소 우승자로 기록됐다. 임윤찬은 두 곡의 협주곡을 연주해야 하는 결선 무대에서 베토벤의 피아노 협주곡 3번과 라흐마니노프의 피아노 협주곡 3번을 연주한 뒤 청중들로부터 기립박수를 받았다. 임윤찬은 14세이던 2018년 미국 클리블랜드 청소년 콩쿠르 2위에 이어 15세에는 윤이상 국제콩쿠르에서 우승하며 '괴물급 신인'으로 이름을 알렸다. 그의 스승인 피아니스트 손민수는 "음악에 몰입해 사는 모습이 마치 18~19세기에 사는 사람 같다"며 '시간 여행자'라는 별명을 붙여줬다.

'시간 여행자' 임윤찬

K팝의 선생님 비보이

세계적으로 인기를 끌고 있는 한국의 드라마를 K드라마, 노래를 K팝으로 지칭한다. 그런데 한국의 문화 콘텐츠가 세계인들로부터 주목을 받기 훨씬 이전인 2000년대부터 전 세계를 휩쓴 분야가 있었다. '인간이 어떻게 저렇게 춤을 출 수 있지'하는 생각이 들게 만드는 '비보이'다. 1970년대 미국 뉴욕에서 탄생한 것으로 알려진 비보이는 우리에겐 브레이크 댄스로 더 잘 알려져 있다.

2001년 한국에서 비보잉을 하는 사람들이 '비주얼 쇼크'라는 팀을 결성, 독일 브라운슈바이크에서 개최된 '배틀 오브 더 이어 Battle of the Year' 대회에서 '베스트 쇼' 상을 받았다. 2002년에는 연합팀 '프로젝트 코리아'가 'UK B-Boy 챔피언십'에서 우승하며 대한민국 최초 국제 비보이 대회 우승이라는 타이틀을 거머쥐었다.

역시 같은 해 연합팀은 '익스프레션'이라는 이름으로 '배틀 오브 더 이어'에 참가해 우승하며 전 세계에 한국 비보이를 알렸다. 한국의 '배틀 오브 더 이어' 우승은 아시아 국가로는 처음이었다. 이후 '배틀 오브 더 이어'에서 한국팀은 독보적인 성적을 거둔다. 2003년 준우승, 2004년 우승, 2005년 우승, 2006년 준우승 등 2021년까지 총 9차례나 우승했다.

한국 비보이팀들은 2005년 세계 최초의 '비보이 스토리텔링 뮤지컬'이라는 장르를 만들며 비보이 문화를 한 단계 더 발전시켰다. 〈비보이를 사랑한 발레리나〉, 〈마리오네트〉와 같은 작품들이 이때

만들어져 전 세계에서 인기를 끌었다. 이 같은 노력으로 비보이는 불량 학생들이 추는 춤이라는 기존의 좋지 않았던 인식을 조금씩 바꿔가면서 방송은 물론 광고, 게임 등 다양한 분야에서 새로운 콘텐츠로 자리 잡게 됐다.

2023년 4월 브레이커(브레이크 댄스를 추는 사람) 집계 사이트 비보이랭킹즈에 따르면 비보이 국가 랭킹 1위는 미국이고 2위 한국, 3위 일본, 4위는 캐나다이다. 개인 순위로는 1위가 네덜란드의 '멘노', 2위 한국의 '윙', 3위는 캐나다의 '필'이 각각 차지했다. 그룹별 순위에서도 한국의 '진조 크루'가 3위에 올라가 있다. 비보이는 2024년 파리 하계올림픽 시범 종목으로 채택된 상태다. 한국의 비보이 수준이 세계적인 만큼 메달이 기대되고 있다.

각종 국제대회에서 우승한 한국인들

대중에게 많이 알려지지 않았지만, 세계 곳곳에서 열리는 다양한 국제대회에서 한국인들이 잇달아 좋은 성적을 내고 있다. 2022년 5월 오스트리아 잘츠부르크에서 개최된 종이비행기 날리기 대회인 '레드불 페이퍼윙스' 곡예부문에서 한국인 이승훈 선수가 우승을 차지했다. 곡예비행은 60초 동안 퍼포먼스 창의성 등을 평가하는 종목인데 이승훈 선수는 압도적인 기량으로 1위에 올랐다. 2006년 시작돼 3~4년에 한 번씩 개최되는 레드불 페이퍼윙스는 '종이비행기 올림픽'으로 불린다.

이 대회에는 세계 62개 나라 6만 1,000여 명이 참가했다. 이승훈 선수는 부메랑 종이비행기를 동시에 던져서 받거나 회오리처럼 회전하는 '스크루 종이비행기' 등의 곡예비행을 선보였는데, 심사위원 4명은 10점 만점에 11점, 12점을 부여하는 웃지 못할 해프닝이 발생했다. 이승훈 선수의 종합 점수는 40점 만점에 46점으로, 대회 역사상 최고점을 받았다.

2022년에는 세계 4대 미인대회로 꼽히는 '미스 어스'에서 최미나수가 한국인 최초로 1위에 오르기도 했다. 최미나수는 콜롬비아, 팔레스타인, 호주 참가자와 함께 상위 4위에 올랐고 최종 1위를 거머쥐었다. 최미나수 이전에도 여러 미인대회에서 한국인이 수상한 적이 있지만 1위는 없었다. 주요 수상자로는 1998년 미스 유니버스 2위 장윤정, 1988년 미스 월드 2위 최연희, 2000년 미스인터내셔널 2위 손태영, 2009년 미스인터내셔널 2위 서은미, 2013년 미스어스 4위 최송이 등이 있다.

이보다 앞선 2018년에는 미얀마에서 개최된 '미스터 인터내셔널 선발대회'에서 한국인 최초로 이승환이 1위를 차지했다. 미스터 인터내셔널 선발대회는 각국 예선에서 우승을 차지한 후보들이 참가하는 대회로, 여자 미인대회로 최고의 권위를 인정받고 있는 미스 유니버스의 남성판 버전이다.

노벨상 놓쳤어?
괜찮아 필즈상이 있잖아

2010년 11월 17일 월터 드 히어 미국 조지아공과대 물리학과 교수는 노벨위원회에 편지 한 통을 보냈다.

> "2010년 노벨물리학상과 관련해 노벨위원회가 홈페이지에 올린 '과학적 배경' 문서에는 오류가 있습니다. 김필립 교수도 노벨상을 받아야 합니다."

노벨위원회가 2010년 노벨물리학상의 토대인 신소재 그래핀을 설명하면서 올려놓은 자료에 상당한 오류가 있다는 주장이었다. 이를 학술지 〈네이처〉가 상세히 보도하면서 한국에서는 "노벨상 위원회의 실수로 김필립 교수가 노벨상을 놓쳤다"는 기사가 게재되기 시작했다. 김필립 교수는 노벨상을 받을 만큼 뛰어난 과학자인 것은 맞지만, 노벨상 위원회의 실수로 노벨상을 받지 못했다는 것은 사실 너무 앞서나간 표현이었다. 김필립 교수는 비록 노벨상을 받지는 못했지만, 한국이 낳은 '그래핀' 분야 세계 최고의 석학이다.

노벨상에 가장 근접한 과학자 김필립

히어 교수가 문제 삼은 것은 스웨덴 왕립과학아카데미 물리학 분과와 노벨위원회가 올린 자료였다. 그래핀이라고 올려놓은 사진은 2004년 안드레 가임 교수가 발표한 논문에 있는 얇은 흑연 사진이었다. 그리고 그래핀의 물리적 성질을 평가한 논문은 2005년도에 나왔는데, 두 성과를 하나로 묘사하고 있다는 게 히어 교수의 지적이었다. 여기서 김필립 교수가 등장한다. 김필립 교수는 2005년 가임 교수팀과 동시에 〈네이처〉에 그래핀의 물리적 성질을 확인한 논문을 발표했다. 두 사람은 함께 연구하지는 않았지만, 비슷한 내용의 논문을 같은 학술지에 발표했다. 학계에서는 이를 '백투백Back to back' 논문이라고 부른다(야구에서 두 타자 연속 홈런을 지칭하는 백투백 홈런과 같은 의미). 히어 교수는 〈네이처〉에 "그래핀이 노벨상을 받는 것은 시기상조이며 굳이 받아야 한다면 2005년 〈네이처〉에 실린 논문이 수상해야 한다. 따라서 김필립 교수도 수상자에 포함됐어야 했다"고 주장했다. 가임 교수는 이에 대해 "김필립 교수와 수상의 영광을 나눴다면 기뻤을 것"이라고 답했다.

노벨위원회는 당시 히어 교수의 문제 제기에 동의했다. 하지만 이는 히어 교수가 제기한 학술적인 부문에 대한 동의였을 뿐이다. 노벨상 수상자 명단에 김필립 교수가 제외된 부분에 대해서는 언급하지 않았다. 노벨상이 첫 발견을 중시하는 만큼 노벨위원회는 가임 교수팀의 그래핀 발견에 더 큰 의미를 부여한 셈이다. 이러한 내용이 섞이면서 마치 한국에서는 "노벨상 위원회의 실수로 첫 한국인 노벨 과학상 수상이 무산됐다"는 식의 보도가 이어졌는데 사실과는 다소 거리가 있다.

한국의 노벨 과학상에 대한 애정이 남달리 큰 만큼 안타까운 것은 사실이다. 만약 김필립 교수가 그래핀 성질을 평가한 논문을 가임 교수팀보다 앞서 제출했다면 공동 수상을 기대해볼 수 있었겠지만, 확실한 것은 그래핀 발견은 늦었고 그래핀 성질을 확인한 논문은 공동으로 발표했다는 점이다.

김필립 교수는 현재 하버드대 물리학과에서 연구하며 학생들을 가르치고 있다. 1990년 서울대 물리학과를 졸업하고 석사학위를 받은 뒤 미국으로 건너가 1999년 하버드대 물리학과에서 박사학위를 받았다. 2001년부터 컬럼비아대 교수로 일했으며 그래핀 연구로 당대 최고 석학 반열에 올랐다.

김필립 교수는 '그래핀 최초 발견'이라는 타이틀은 놓쳤지만 이후 상용화 부문에서 큰 성과를 이어가고 있다. 김필립 교수는 그의 제자 홍병희 서울대 교수와 함께 그래핀이 처음 발견된 지 5년 만

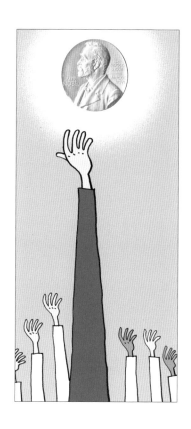

인 2009년, 세계 최초로 그래핀을 대면적으로 합성하는 법을 〈네이처〉에 발표했다. 그래핀 양산은 당시 어떤 과학자도 해내지 못했는데 김필립 교수와 홍병희 교수가 고순도의 그래핀을 대면적으로 만들 수 있는 방법을 찾아낸 것이다. 이들의 기술을 활용하면 TV 화면 크기의 그래핀도 만들어낼 수 있다. 새로운 물질이 발견되고, 그것이 상용화돼 노벨상을 받기까지는 20~30년의 세월이

걸린다. 그래핀 발견의 경우 6년 만에 노벨 물리학상을 받을 수 있었던 이유는 상용화에 한 걸음 더 다가선 연구가 빠르게 나왔기 때문이었다. 2010년 노벨 물리학상 공동 수상자인 노보셀로프 박사는 그래핀 대면적 합성에 성공한 홍병희 교수에게 "당신의 상용화 연구로 노벨상을 일찍 받을 수 있었다"며 감사 인사를 보내기도 했다.

평범했던 학생이 필즈상을 받기까지

2022년 7월 5일 국제수학연맹IMU은 미국 프린스턴대 허준이 교수를 필즈상 수상자로 선정했다. 필즈상은 수학적으로 가장 뛰어난 업적을 쌓은 40세 미만 수학자에게 주는 수학계 최고 권위의 상이다. 노벨상에 수학 분야가 없는 만큼 필즈상은 '수학 분야 노벨상'으로 불린다. 국제수학연맹은 "대수기하학의 도구를 사용해 여러 조합론 문제를 해결했다"며 "기하학적 조합론을 발전시킨 공로를 인정해 허준이 교수에게 필즈상을 수여한다"고 밝혔다. 허준이 교수의 필즈상 수상은 노벨 과학상에 목말랐던 한국에는 단비 같은 소식이었다. 특히 허준이 교수가 고등학교를 중퇴했고 처음에는 수학을 전공하지도 않았다는 사실이 알려지면서 더 큰 화제가 됐다.

허준이 교수는 미국에서 태어났지만, 초등학교와 중학교는 한국에서 졸업했다. 아버지인 허명회 전 고려대 통계학과 교수가 초

등학교 시절 수학 문제집을 풀게 했지만 정작 허준이 교수는 몰래
답안지를 베껴 답을 적었을 정도로 수학에 큰 관심이 없었다고 한
다. 이후 허명회 교수는 아들에게 수학 가르치는 일을 포기했다.
중학교 때 수학 경시대회에 나가보려 했지만, 선생님이 "너무 늦
었다"고 해 포기했다. 이어 시인이 되고 싶은 마음에 고등학교를
중퇴했고 검정고시, 재수 학원을 거쳐 서울대 물리학과에 입학했
다. 한국 최고의 대학에 입학하긴 했지만, 물리학에 소질을 보이지

는 않았다. 'F' 학점을 많이 받아 8학기 만에 졸업하지 못했다. 3학기를 더 다니고 나서야 졸업학점을 채울 수 있었다.

그의 삶은 필즈상을 받았던 일본인 히로나카 헤이스케 하버드대 명예교수의 강의를 들은 뒤 바뀌기 시작했다. 글쓰기를 좋아했던 허준이 교수는 과학 기자가 되고 싶다는 막연한 생각을 하고 있었는데, 기자가 되면 히로나카 교수를 첫 번째 인터뷰 대상자로 삼겠다는 생각으로 어려운 수학 강의를 따라가기 시작했다. 서울대 수학과 대학원에 진학한 이후 박사과정을 밟기 위해 미국 대학에 원서를 냈지만 12곳 중 일리노이대학만 합격했다. 대학 성적, 즉 '내신'이 형편없었기 때문이다.

수학계에 본격적으로 몸을 담자마자 허준이 교수는 엄청난 성과를 내기 시작했다. 박사과정 첫해, 수학계의 난제로 꼽혔던 '리드 추측'을 해결하면서 일약 수학계의 스타가 된 것이다. 외신들은 "18세에 테니스를 시작한 선수가 20세에 윔블던 대회에서 우승한 것과 같다"라고 표현하기도 했다. 미시간대로 옮겨 박사학위를 마친 뒤 그는 과학계 전반에서 인정받는 학자가 됐다. 2017년 '블라바트닉 젊은 과학자상'을 비롯해 2019년 '뉴허라이즌스상', 2021년 '삼성호암상' 등 젊은 나이에 굵직한 상을 잇달아 수상했다.

1936년 필즈상을 처음 시상한 이후 2022년까지 수상자는 총 64명이다. 이 중 9명이 아시아계로 분류가 되는데 아시아권에서 대학 교육을 받은 사람은 6명이다. 최근 30년 이내에 아시아 수상자는 단 2명으로 그중 한 명이 허준이 교수다.

〈타임〉이 주목한
한국인

미국 시사주간지 〈타임〉은 세계 최대 규모 주간지이자 세계에서 가장 영향력 있는 잡지 중 하나다. 1999년 '20세기 가장 영향력 있는 인물 100인'을 발표해 큰 반향을 불러일으켰고, 2004년부터는 매년 '올해 세계에서 가장 영향력 있는 인물 100인'을 발표해오고 있다. 예술인, 기업인, 정치인, 종교계 지도자 등을 포함한 이 명단은 21세기 국제사회 주역들을 한데 모았다는 평가를 받는다. 2022년까지 한국인은 총 15번 선정됐다.

세계 최고 기업 삼성 일군 고(故) 이건희 회장

고 이건희 삼성그룹 회장은 한국 기업인 중 최초로 2005년 〈타임〉 선정 100인에 이름을 올렸다. 〈타임〉은 "이건희 삼성그룹 회장이 무명의 삼성전자를 소니를 위협하는 세계 최고의 기업으로 탈바꿈시켰다"며 선정 배경을 설명했다. 이 회장은 당시 영국의 경제일간지 〈파이낸셜타임스〉에서 선정한 '존경받는 세계 재계 리더'에도 한국인 중 유일하게 이름을 올렸다.

당시 삼성전자의 눈부신 성장은 세계를 깜짝 놀라게 했다. 중소 가전업체였던 기업이 순식간에 TV, 휴대전화, 반도체 같은 고부가가치 상품으로 포트폴리오를 꾸려 순이익 100억 달러, 브랜드 가치 126억 달러의 글로벌 업체로 탈바꿈했기 때문이다. 미국 〈뉴욕타임스NYT〉는 당시 기사에서 "이제는 소니와 삼성전자의 위상이 완전히 뒤바뀌었다"고 보도했다.

선친 호암湖巖 이병철 창업주가 별세한 뒤 1987년 삼성그룹 2대 회장에 오른 이 회장은 2014년 5월 초까지 삼성을 이끌면서 삼성을 글로벌 초일류 기업으로 성장시켰다. 그는 창업보다 어렵다는 수성守城 차원을 넘어 제2의 창업을 훌륭하게 이뤄냈다는 평가를 받고 있다. 취임 후 여러 분야에서 글로벌 시장점유율을 1등으로 끌어올렸다.

D램 반도체가 처음으로 1992년 세계 1위로 등극한 데 이어 S램(1995년), 대형 LCD(1999년), 낸드플래시 메모리(2002년), 솔리드

스테이트드라이브(2005년), 평판TV(2006년), 모니터(2006년), 스마트카드IC(2006년) 등이 잇따라 글로벌 점유율 1등을 꿰찼다. 세계 시장에서 점유율 1위를 기록한 삼성 제품은 IT 분야에서만 11개, 그룹 전체적으로는 20여 개에 달한다.

특히 삼성이 글로벌 기업이었던 소니를 추월한 것은 세계를 깜짝 놀라게 했다. 이건희 회장은 2001년 '5년 내 소니 추월' 목표를 내걸고 앞선 기술을 가진 일본을 오가며 인재 확보에 공을 들였다. 일본 도쿄 가스미가세키 빌딩 내 일본 삼성 사무실은 이 회장 숙소나 마찬가지였을 정도다. 일본의 기술자들을 주말에만 한국으로 데려와 직원들한테 과외 수업을 하게 하거나 아예 영입하는 경우도 많았다. 2002년 소니 임원 보수가 삼성전자 절반 수준으로 떨어졌다. 같은 해 삼성은 소니의 시가총액을 앞질렀고 4년 뒤인

2006년에는 글로벌 TV 시장에서 소니를 제치고 1위로 우뚝 섰다. 이 회장이 취임할 당시인 1987년 매출 17조 3,900억 원, 순이익 2,060억 원, 시가총액 1조 원 수준이었던 삼성그룹은 창사 50주년인 1988년 매출 20조 원을 돌파했고, 2023년 매출 500조 원대 초거대 기업으로 성장했다.

삼성그룹에서는 삼성전자 스마트폰 '갤럭시Galaxy' 시리즈의 세계적인 성공을 이끈 권오현 삼성전자 대표이사 부회장도 2013년 〈타임〉 선정 '세계에서 가장 영향력 있는 인물 100인'에 이름을 올렸다. 권 부회장에 대해 존 스컬리 전 애플 최고경영자CEO는 삼성 갤럭시를 통해 보기 드문 업적을 남겼다며 스티브 잡스 전前 애플 CEO 같은 '비즈니스 타이탄(거인)'이라고 극찬했다.

이건희 회장의 장남인 이재용 삼성전자 회장은 2016년 미국 〈블룸버그〉가 선정한 '세계에서 가장 영향력 있는 인물 50인' 중 18위에 올랐다. 〈블룸버그〉는 이재용 당시 삼성전자 부회장을 18위에 선정한 이유로 삼성전자 '갤럭시 노트7'을 새로 출시했을 때 배터리 발화 사태가 발생하자 그가 20억 달러 비용을 무릅쓰고 단호하게 리콜을 결정한 사실을 들었다. 이건희 회장 장녀인 이부진 호텔신라 사장은 미국 경제 전문지 〈포브스〉가 선정한 '세계에서 가장 영향력 있는 여성 100인'에 한국인 중 유일하게 이름을 올린 바 있다.

세계적으로 영향력을 행사하는 K팝가수·영화감독

최근에는 한국이 문화강국으로 떠오르며 정·재계뿐만 아니라 문화·예술 분야에서도 세계적인 영향력을 가진 한국인들이 속속 나오고 있다. 2019년 '세계에서 가장 영향력 있는 100인'에 선정된 BTS가 대표적이다. BTS는 미국 앨범차트 1위에 오른 첫 K팝 아티스트로 '21세기 팝 아이콘', '21세기의 비틀스' 등으로 불린다. K팝 음원으로는 최장기간 미국 빌보드 메인 차트인 '핫 100'에 오른 아티스트로 세계적인 K팝 돌풍을 일으켰다. 앞서 2006년에는 한류를 타고 팝의 본고장 미국으로 진출한 댄스가수 비가 〈타임〉 선정 '세계에서 가장 영향력 있는 100인'에 선정된 바 있다.

영화 〈기생충〉을 연출한 봉준호 감독은 2020년 '세계에서 가장 영향력 있는 인물 100인'에 올랐다. 〈기생충〉은 한국 영화 최초로 미국 아카데미상 시상식에서 최고상인 작품상을 비롯해 4관왕(작품상·각본상·국제장편영화상·감독상)을 달성했고, 세계 3대 영화제 중 하나인 칸 국제영화제에서 최고상인 황금사자상까지 거머쥐어 세계 영화사를 새로 썼다는 평가를 받는다.

2021년에는 한국인 최초로 아카데미상(오스카상) 여우조연상을 받은 배우 윤여정이 한국 배우로서는 처음으로 '세계에서 가장 영향력 있는 인물 100인'에 들었다. 윤여정은 영화 〈미나리〉(2020)의 순자 역으로 제93회 아카데미 시상식에서 여우조연상을 받았다. 2022년에는 세계 94개 나라에서 인기 순위 1위를 기록한 넷플릭

피겨 퀸 김연아 선수

스 드라마 〈오징어 게임〉을 연출한 황동혁 감독이 이름을 올렸다.

여자 피겨 세계신기록을 경신하며 우아한 연기력과 완벽한 기술력으로 전 세계인의 찬사를 한 몸에 받았던 '피겨 퀸' 김연아 전 피겨스케이팅 선수는 2010년 '세계에서 가장 영향력 있는 인물 100인'에 선정됐다. 김연아 선수는 2010년 밴쿠버 동계올림픽에서 월등한 실력으로 피겨 금메달을 따내 세계적인 스타로 발돋움했다. 김연아 선수는 당시 〈타임〉 선정 영웅 분야에서 빌 클린턴 전 미국 대통령에 이어 2위를 차지했다.

한국인 최초로 〈타임〉 선정 '세계에서 가장 영향력 있는 인물 100인'에 오른 인물은 2004년 배아줄기세포 연구로 화제가 된 황우석 전 서울대 교수와 빈곤·에이즈 퇴치·조류인플루엔자 치료에 성과를 거둔 이종욱 WHO 사무총장이다.

3부

K문화의 힘

최근 '넷플릭스'를 비롯한 글로벌 오버더톱OTT(방송 프로그램·영화 등 온라인 동영상 스트리밍 서비스) 플랫폼이 국경을 허물고 크게 성장하면서 드라마·영화·예능·애니메이션 등 한국의 다양한 콘텐츠가 전 세계 안방을 휩쓸고 있다.

글로벌 OTT 시청 순위 집계 사이트 플릭스패트롤의 '톱 TV쇼' 차트에 따르면 한국은 2022년 글로벌 최대 OTT 플랫폼인 넷플릭스의 인기작 '톱 100' 국가별 순위에서 미국(48개)에 이어 2위(16개)를 차지했다. 비영어권 콘텐츠 중에선 가장 높은 순위다. 넷플릭스에 따르면 2022년 한 해 동안 전 세계 가입자의 60%가 한국 영화나 TV 프로그램을 시청한 것으로 집계됐다. 특히 좀비·공포·범죄 같은 장르뿐 아니라 휴먼드라마부터 사극, 예능까지 다양한 소재와 스토리가 외국인 시청자들의 사랑을 받은 것으로 나타나면서 K콘텐츠 확장 가능성을 입증했다는 평가가 나온다.

학창 시절 학교폭력을 당한 한 여성이 모든 인생을 걸고 처절한 복수를 하는 이야기를 그린 넷플릭스 드라마 시리즈 〈더 글로리〉역시 2022년 12월 공개 직후 3주 연속 OTT 통합 콘텐츠 랭킹 1위를 기록하며 세계적으로 화제를 모았다. 학교폭력 문제를 압축적이고 사실적으로 담아낸 것은 물론 인간의 욕망과 희로애락 감정을 적나라하게 드러내는 서사로 전 세계 시청자들로부터 큰 공감을 불러일으켰다.

자폐스펙트럼 장애를 가진 변호사를 통해 평범한 사람들의 이야기를 담아낸 드라마 시리즈 〈이상한 변호사 우영우〉(2022)도 넷플릭스 비영어권 TV 시리즈 세계 1위를 기록하며 질주했다. 2023년 1월 공개된 넷플릭스의 한국 영화 〈정이〉는 공개 후 글로벌 넷플릭스 영화 부문 1위를 차지하기도 했다. 성별, 인종, 나이 구분 없이 체력을 겨루는 서바이벌 예능 프로그램 〈피지컬: 100〉(2023) 역시 넷플릭스 TV 시리즈 세계 1위를 차지했다. 한국 예능 콘텐츠가 세계 1위를 한 건 〈피지컬: 100〉이 처음이다.

〈오징어 게임〉부터 〈더 글로리〉까지, 세계 휩쓰는 K콘텐츠

윤석열 대통령이 2023년 4월 미국 국빈 방문 당시 테드 서랜도스 넷플릭스 공동 대표를 만났을 때 넷플릭스 측은 K콘텐츠에 향후 4년간 25억 달러(약 3조 3,000억 원)를 투자하겠다고 밝혔다. 이는 넷플릭스가 2016년 한국 시장에 첫 진출한 뒤 그동안 투자해온 금액의 2배에 가까운 투자액이다. 넷플릭스 역대 1위 흥행에 오른 한국의 드라마 시리즈 〈오징어 게임〉 등으로 K콘텐츠가 세계적으로 대중성과 작품성을 인정받으면서 대규모 투자로 이어진 것이다.

456억 원의 상금이 걸린 극한의 서바이벌 게임에 목숨을 걸고 도전하는 사회 최하위층 사람들의 처절한 이야기를 담은 〈오징어 게임〉은 2021년 9월 공개 직후 94개 나라에서 인기 순위 '오늘의 Top 10' 1위를 기록했다. 또 넷플릭스 최초로 28일 만에 누적 시청 1억 가구를 돌파하는 신기록을 세웠다. 28일간 전 세계 누적

시청 시간은 16억 5,045만 시간으로 넷플릭스 역대 최고치를 기록했다.

〈오징어 게임〉 신드롬은 여기에 그치지 않고 세계적인 패러디 현상을 일으켰다. 수많은 팝업스토어와 테마 체험관이 생겨났고 〈오징어 게임〉 참가자들이 극 중 입었던 체육복과 진행 요원들의 복장은 미국 핼러윈 등에서 이벤트 복장으로 큰 인기를 끌었다. 덩달아 드라마에 등장했던 달고나, 라면 등 한국 음식들의 인기도 높아졌다. 미국 로스앤젤레스시는 〈오징어 게임〉이 미국 대중문화에 미친 영향력과 성과를 기념해 시리즈 공개 날짜인 9월 17일을 '오징어 게임의 날'로 제정하기도 했다.

숫자로 본 〈오징어 게임〉

- 공개 후 28일간 전 세계 시청 시간이 누적 **16억 5,045만 시간**을 기록해 역대 최고
- **53일간** 전 세계 넷플릭스 순위 1위로 역대 최장
- 전체 시청 시간 중 **95%**가 해외에서 발생
- 2021년 11월 기준 공개 후 8주간 유튜브 관련 영상 **12만 9,000개** 생성, 조회수 **170억 회** 기록
- 〈블룸버그〉에 따르면 2021년 10월 기준 제작비 **2,140만 달러**(약 300억 원)로 **9억 달러** 이상의 수익을 기록

K비속어 유행 해프닝까지

OTT를 통해 K드라마를 접하는 세계인들이 급증하면서 유행처럼 한국의 비속어를 따라 하는 외국인들이 생겨난 것도 놀라운 점이다. K콘텐츠가 얼마나 세계시장에서 위력을 발휘하고 있는지 잘 보여준다는 점에서 상당히 흥미로운 현상인 건 사실이다.

〈블룸버그〉는 한국을 한 번도 방문한 적이 없고 한국어를 한 번도 배우지 않은 미국인 톰슨 씨가 일이 잘 안 풀릴 때마다 입버릇처럼 "아이씨Aish", "젠장" 같은 한국 비속어를 내뱉는 사례를 보도했다. 넷플릭스에서 큰 인기를 끈 한국 드라마 〈더 글로리〉에 빠져

자꾸 보다 보니 극 중에 많이 나오는 한국식 비속어를 무심결에 따라 하게 됐다는 것이다. 그는 10여 년 전 K드라마를 처음으로 접한 후 중독성 있는 스토리 라인에 매료돼 지금은 미국 드라마보다 한국 드라마를 더 많이 본다고 했다.

K드라마 열풍의 원조는 사실 2003~2004년 방영됐던 한국의 사극 〈대장금〉이다. 배우 이영애가 주인공 서장금을 연기했다. 대장금은 역사적 사실에 각색을 더한 작품이다. 서장금이 폐비 윤씨가 폐위될 당시 암투에 휘말리면서 부모를 잃은 뒤 궁궐에 수라간 궁녀로 들어가 중종의 주치의인 어의가 되기까지 성공과 사랑을 그렸다. 국내에서 최고 시청률 57.8%를 기록했던 대장금은 중국, 대만, 일본, 홍콩, 미국, 캐나다, 러시아, 튀르키예, 이란 등에 수출돼 한류 열풍을 이끌었다.

일본 NHK에 두 차례에 걸쳐 방영될 정도로 큰 인기를 끌었고, 우즈베키스탄의 샤브카트 미르지요예프 전 대통령이 대장금의 열성팬이어서 2017년 방한 당시 배우 이영애가 만찬에 초대됐을 정도였다. 스리랑카에서는 시청률 99%라는 믿기 힘든 기록을 남기기도 했다. 인도에서는 한 남성이 대장금을 보고 삶의 희망을 품었다는 사연이 전해지기도 했다.

차별을 극복한 K콘텐츠, 〈기생충〉으로 새로 쓴 영화사

K콘텐츠는 화제성뿐만 아니라 작품성까지 인정받고 있다. 오랜 기간 영어권 작품에 집중되던 각종 상을 K콘텐츠가 휩쓸면서 차별을 극복했다는 평가도 나온다. 〈오징어 게임〉의 황동혁 감독과 주연을 맡은 배우 이정재는 2022년 9월 방송계의 아카데미상으로 불리는 미국텔레비전예술과학아카데미ATAS 주최 '에미상'에서 비영어권 드라마 최초로 각각 감독상과 남우주연상을 받았다.

앞서 이정재와 정호연이 한국 배우 최초로 미국배우조합상SAG 남녀주연상을 차지하는 등 〈오징어 게임〉의 수상 행진이 이어졌다. 〈오징어 게임〉은 기술진과 스태프에게 수여하는 '크리에이티브 아츠 프라임타임 에미상' 시상식에서도 게스트상과 스턴트퍼포먼스상, 시각효과상, 프로덕션 디자인상을 수상했다. 작품이 다방면에서 두루 좋은 평가를 받은 셈이다.

한국 영화도 국제 무대에서 영향력을 점차 키워가고 있다. 상류층과 하류층 두 가족의 만남을 다룬 블랙코미디인 봉준호 감독의 영화 〈기생충〉은 세계 3대 영화제로 꼽히는 칸 국제영화제에서 2019년 한국 영화 최초로 최고상인 황금종려상을 받는 영예를 안았다. 봉 감독은 2021년 한국 감독 최초로 베니스 국제영화제 심사위원장을 맡아 경쟁 부문 초청작 심사를 이끌기도 했다.

〈기생충〉은 2020년 아카데미상(오스카상) 시상식에서 7개 부문 후보에 올랐고 이 가운데 작품상, 각본상, 국제장편영화상, 감독상

영화 〈기생충〉 포스터

"제가 마티(마틴 스코세이지) 영화를 보면서 공부했던 사람인데 같이 후보에 오른 것만으로도 영광입니다. 제 영화를 아직 미국 관객이 모를 때부터 항상 제 영화를 리스트에 뽑고 좋아하셨던 퀜틴(쿠엔틴 타란티노) 형님도 계신데 너무 사랑하고 감사합니다. 같이 후보에 오른 토드(토드 필립스)나 샘(샘 멘데스) 모두 제가 존경하고 사랑하는 감독님들인데 오스카에서 허락한다면 이 트로피를 '텍사스 전기톱'으로 5등분해 나누고 싶습니다."

_봉준호 감독의 제92회 아카데미상 시상식 수상 소감 중에서

을 받아 4관왕을 달성하며 영화사를 새로 썼다. 한국 영화가 아카데미상을 받은 것은 〈기생충〉이 최초다. 영어가 아닌 언어로 나온 영화가 작품상을 받은 것 역시 처음이었다.

해외 언론에서는 〈기생충〉이 만든 기적과 봉 감독의 수상 소감에 극찬을 쏟아냈다. 〈뉴욕포스트〉는 '봉준호는 성자였다'는 제목의 기사에서 "경쟁 후보로 오른 감독에게 감사를 전하는 건 흔하지만 패자에게도 기쁨의 눈물을 쏟게 한 승자를 본 적 있는가"라며 반문했다. 〈뉴욕타임스〉는 "외국어 영화가 마침내 오스카를 정복했다"고 보도했고, CNN 역시 "이 역사적인 밤은 〈기생충〉이 지배했다"고 보도했다. AP통신은 "〈기생충〉의 수상이 아카데미상에 분기점을 마련했다"고 평가했다.

하나의 영화가 칸 영화제 황금종려상과 아카데미 작품상을 동시에 받은 것은 델버트 맨 감독의 〈마티〉(1955) 이후 역대 두 번째이자 64년 만이다. 아시아계 감독이 아카데미 감독상을 받은 것은 대만 출신의 리안 감독이 '브로크백 마운틴'과 '라이프 오브 파이'로 두 번 감독상을 받은 이후 봉 감독이 처음이었다. 〈기생충〉은 그 밖에도 한국 영화 최초로 골든글로브상 외국어영화상, 영국 아카데미 시상식 각본상·비영어영화상, 프랑스 세자르상 외국어영화상 등을 휩쓸며 영화계 화제의 중심에 섰다.

박스오피스 모조에 따르면 영화 〈기생충〉이 전 세계에서 벌어들인 수익은 2억 5,351만 달러에 달한다. 북미 누적 수입은 5,278만 달러로 이는 북미에서 개봉한 역대 모든 외국어 영화 중 흥행 4위 기록이다. 북미 박스오피스 외국어 영화 역대 흥행 1위는 1억 2,810만 달러 매출을 올린 중국 영화 〈와호장룡〉(2000)이었고 다음은 이탈리아 영화 〈인생은 아름다워〉(1997) 5,720만 달러, 중국 영화 〈영웅: 천하의 시작〉(2002) 5,370만 달러 순이었다.

2021년 아카데미상 시상식에서는 낯선 미국, 아칸소로 떠나온 한국 가족의 희망적인 이야기를 담은 영화 〈미나리〉의 배우 윤여정(순자 역)이 한국 배우 최초로 여우조연상을 수상하는 쾌거를 이뤘다. 윤여정의 수상 소감 역시 재치와 겸손으로 세계인들의 찬사를 받았다.

〈뉴욕타임스〉는 "최고의 수상 소감이다. 내년 오스카 사회자로 추천한다"고 했고 영국 〈가디언〉은 "윤여정은 오늘 밤의 승리자,

> "브래드 피트(영화 〈미나리〉 제작자), 드디어 만났네요. 털사에서 우리가 촬영할 땐 어디 계셨던 거예요? 만나서 정말 영광이에요. (중략) 저는 경쟁을 싫어합니다. 제가 어떻게 글렌 클로즈를 이기겠어요? 저는 그녀의 영화를 수없이 많이 봤습니다. 5명 후보가 모두 각자 다른 영화에서의 수상자입니다. 우리는 각자 다른 역을 연기했잖아요. 우리끼리 경쟁할 순 없습니다. 오늘 제가 여기에 있는 것은 단지 조금 더 운이 좋았을 뿐이죠. 여러분보다 조금 더 운이 좋았네요."
>
> _배우 윤여정의 제93회 아카데미상 시상식 수상 소감 중에서

역시 능력자"라고 호평했다. 〈로이터〉 역시 "재치 있고 센세이셔널한 배우"라고 평가했고, 〈워싱턴포스트〉는 "화끈한 할머니가 수많은 이의 마음을 사로잡았다"고 전했다. 윤여정은 미국 애플TV 드라마 시리즈 〈파친코〉(2022)에도 출연했으며 2022년 열린 아카데미상 시상식에 시상자로서 또 한 번 레드카펫에 올랐다.

소프트파워 슈퍼스타 K콘텐츠

영국의 라이프스타일 매거진 〈모노클〉은 2020년 12월호 표지를 태극기로 장식하며 한국을 '소프트파워 슈퍼스타'로 소개했다.

〈모노클〉은 매년 소프트파워 부문에서 국가 경쟁력을 평가해 상위 10개 나라를 선정해 공개하는데, 2020년 한국은 독일에 이어 2위에 올랐다. 〈모노클〉은 "한국이 엔터테인먼트와 혁신 측면에서 다른 나라들의 기준을 세웠다"며 "한국의 영화, TV 드라마, 음악이 전 세계에 수출되면서 엔터테인먼트 콘텐츠가 한국 소프트파워의 기초가 됐다"고 평가했다. 3위는 프랑스, 4위는 일본, 5위는 대만이 차지했다.

세계인이 반한 K콘텐츠는 한국의 수출 주력 상품으로도 자리매김했다. 문화체육관광부의 '2021년 기준 콘텐츠 산업조사'에 따르면 2021년 한국 콘텐츠 산업 수출액은 124억 달러(약 14조 3,000억 원)였다. 한국의 대표 수출품인 가전(86억 7,000만 달러), 전기차(69억 9,000만 달러) 수출액을 훌쩍 넘어서는 규모다. K콘텐츠에는 TV 프로그램과 영화, K팝, 웹툰 등이 포함된다.

이처럼 K콘텐츠가 전 세계적인 인기를 끌고 있는 것은 한국의 글로벌 위상이 크게 높아진 영향도 크다. 황이항 홍콩대 경영대 교수 연구진은 2022년 4월 중국 우한에서 열린 '국제종합예술문화통신회의CACC'에서 K콘텐츠의 폭발적인 성장 요인을 분석한 연구 결과를 발표했다. 그들은 2000년대부터 시작된 한류 열풍, 삼성·LG·현대자동차 등 업계 최고 수준의 한국 기업(브랜드)에 대한 인식, 음악(K팝)·드라마·영화 등 엔터테인먼트 산업 발전에 따른 높은 콘텐츠 경쟁력과 제작 창의력 등을 그 요인으로 꼽았다.

한국 드라마·영화의 경우 한국적 서사에 담긴 신선한 세계관과 현실에 있을 법한 사실적인 표현력, 섬세한 감정선 등으로 이목을 끌었다. 6,000만 명 이상 구독자를 보유한 미국의 만화·영화·TV 콘텐츠 전문 매체 'CBR'은 〈오징어 게임〉의 세계적인 흥행 비결을 분석하면서 "목숨을 건 서바이벌 게임은 공상과학영화에서 흔히 등장하는 개념이지만 〈오징어 게임〉은 이를 철저히 현실 영역에서 다뤄 무서운 공감을 이끌었다"며 "첫 게임에서만 절반 이상의 참가자가 죽는다. 〈오징어 게임〉을 한마디로 표현한다면 그것은 아마도 '충격'일 것"이라고 평가했다.

등장 캐릭터들이 평범하고 친근한 사람들이라는 점과 '무궁화 꽃이 피었습니다', '딱지치기' 같은 한국의 어린이용 게임을 가학적으로 변형해 활용한 점, 선량한 마음을 지닌 등장인물이었던 주인공 '조상우'가 욕망에 눈이 멀어 점점 괴물로 변해가는 과정, 생사를 오가는 잔혹한 게임을 관람하며 웃고 즐기는 VIP들로 극대화된 잔인성, 〈오징어 게임〉 직원들의 장기 밀매, 1번 참가자 '오일남'의 반전 실체 등도 신선한 충격으로 시청자들의 몰입도를 높인 요인으로 지목됐다. 영화 〈기생충〉 역시 한국 사회는 물론 전 세계 어느 사회에나 내재돼 있는 각종 욕망과 계급 이슈를 블랙코미디로 재현해 세계인의 공감을 얻었다.

과거에는 작품 주제가 사회적 성공이나 경제 발전 등에 집중돼 있었던 반면 〈더 글로리〉, 〈이상한 변호사 우영우〉 등 최근 화제가 된 작품들을 살펴보면 주제가 다양한 사회적 이슈로 확대된 걸 알 수 있다. 한국이 이룬 경제적 성장에 자부심을 느끼면서도 그 혜택에서 소외된 사회적 약자 등 한국 사회의 그늘에 대해서도 관심을 갖는 인식 변화가 콘텐츠 산업 성장을 촉발했다는 게 전문가들의 진단이다.

제작진의 개입을 최소화한 리얼 버라이어티 예능과 관찰 예능, 서바이벌 예능은 예능 프로그램 가운데서도 한국이 두각을 드러내는 분야다. 〈무한도전〉, 〈1박 2일〉 등을 시작으로 2000년대부터 리얼리티에 초점을 둔 예능 프로그램이 한국 예능의 주류로 자리 잡았다. 2010년대 들어서는 K팝 스타를 뽑는 〈슈퍼스타K〉, 〈K팝 스타〉, 〈프로듀스 101〉 등 서바이벌 오디션 프로그램이 선풍적인 인기를 끌면서 콘텐츠의 질적 성장을 이끌었다. 넷플릭스의 서바이벌 관찰 예능 〈솔로지옥〉과 〈피지컬: 100〉이 전 세계에서 큰 인기를 끌게 되면서 이 같은 예능 프로그램이 이른바 'K포맷' 형태로 수출되고 있다.

노년에 접어든 스타들의 여행기를 담은 tvN의 관찰 예능 〈꽃보다 할배〉의 포맷 패키지는 2014년 미국의 4대 지상파 방송국 중 하나인 NBC에 〈베터 레이트 댄 네버Better Late Than Never〉라는 이름의 미국판으로 수출돼 미국 전 방송국 동시간대 시청률 1위를 기록했다. 아빠들의 하루 육아를 관찰하는 KBS 〈슈퍼맨이 돌아왔다〉가 미국 CSSPR과 2015년 포맷 라이선스 계약을 맺었고, tvN의 추리 게임 서바이벌 예능 〈더 지니어스〉는 네덜란드, 프랑스, 영국에 예능 포맷을 수출해 유럽 전역에서 방영됐다.

글로벌 콘텐츠 기업들은 성장하는 한국 시장에 주목하고 있다.

한국 영화계 주요 수상 기록

배우 강수연	〈씨받이〉(1986)의 옥녀 역으로 아시아 배우 최초 베니스 국제영화제 연기상(여우주연상)
감독 임권택의 〈취화선〉(2002)	2002년 한국 영화 최초 칸 국제영화제 감독상
감독 김기덕의 〈사마리아〉(2004)	2004년 한국 영화 최초 베를린 국제영화제 은곰상(감독상)
배우 전도연	〈밀양〉(2007) 이신애 역으로 2007년 한국 배우 최초 칸 국제영화제 연기상(여우주연상)
감독 김기덕의 〈피에타〉(2012)	2012년 한국 영화 최초 베니스 국제영화제 황금사자상(최고상)
배우 김민희	〈밤의 해변에서 혼자〉(2016) 영희 역으로 2016년 한국 배우 최초 베를린 국제영화제 연기상(여우주연상)
감독 봉준호의 〈기생충〉(2019)	2019년 한국 영화 최초 칸 국제영화제 황금종려상(최고상) 2020년 한국 영화 최초 아카데미상(오스카상), 작품상·각본상·국제장편영화상·감독상 4관왕 등극
배우 윤여정	〈미나리〉(2020) 순자 역으로 2021년 한국 배우 최초 아카데미상(여우조연상)

2016년부터 2022년까지 한국에 1조 8,500억 원 이상을 투자한 것으로 알려진 넷플릭스는 2023년에도 한국에서만 총 23개의 새로운 시리즈 제작을 추진하고 있다. 넷플릭스는 향후 4년간 K콘텐츠에 25억 달러(약 3조 3,000억 원)를 추가로 투자할 계획이다. 단순 계산하면 연평균 8,250억 원 수준이다.

디즈니플러스도 아시아 국가 가운데 최초로 2021년 11월 한국에서 서비스를 시작했다. 한국을 사업 전략 요충지로 삼은 디즈니 플러스는 "한국은 '트렌드 세터Trend Setter'로서 전 세계 시청자들의 상상력을 K컬처 힘으로 완전히 사로잡았다"고 할 정도로 K콘텐츠에 무한한 신뢰를 보냈다.

조회수만 643억 뷰인
K팝 콘텐츠

세계적인 K팝 스타 BTS는 빌보드 핫 100 차트에서 10주간 1위를 차지한 〈Butter〉 등 잇단 히트곡을 내놓으며 3년 연속 그래미상 후보에 올랐지만 실제 수상은 하지 못했다. 이에 공식 가입자 수만 1,800만 명에 달하는 BTS 팬클럽 '아미ARMY'는 물론 외신까지도 일제히 아카데미 측을 비판하는 일이 벌어졌다. 미국 〈포브스〉는 "그래미의 사랑을 받지 못하는 모든 뮤지션이 무시당했다고 말할 순 없으나 BTS는 무시당한 게 맞다"고 지적했고, AP 통신도 "〈Butter〉가 제외된 것은 놀라운 일"이라고 비판했다. BTS의 영향력을 보여주는 대목이다.

한류 열풍의 시작을 알린 것은 단연 K팝일 것이다. K팝은 이제 하나의 음악 장르로 자리매김한 상태다. 특히 보이그룹 BTS와 걸그룹 블랙핑크BLACK PINK는 아시아를 넘어 전 세계가 열광하는 메가

톤급 빅스타로 성장했다. 트와이스TWICE, 스트레이키즈Stray Kids, 잇지ITZY, 세븐틴SEVENTEEN, 에스파aespa, 아이유IU, 싸이PSY 등 많은 한국 아티스트들도 세계적인 인기를 누리고 있다.

K팝 데이터 분석기관 케이팝레이더가 2022년 7월까지 1년 동안 K팝 아티스트 229팀의 유튜브 영상 조회 수를 분석한 '2022 KPOP GLOBAL MAP'에 따르면 K팝 관련 영상의 총 조회수는 643억 1,500만 뷰로 지난 3년 사이 2.5배 급증했다. 가장 조회수 비중이 높은 아티스트는 BTS(18.7%)와 블랙핑크(11.3%)였다. 케이팝레이더는 "BTS와 블랙핑크가 다져놓은 시장에 팬데믹 기간 중 데뷔한 에스파aespa, 엔하이픈ENHYPEN, 아이브IVE 등 한국 4세대 아이돌들의 성공이 더해진 결과"라고 해석했다.

'21세기 비틀스' BTS, 기네스 세계기록만 28개

한국에서 2013년 데뷔한 7인조(진·슈가·제이홉·RM·지민·뷔·정국) 보이그룹 BTS는 초창기 한국에서는 큰 팬덤을 형성하지 못했다. 그러다 2017년 발매한 미니앨범 5집 '러브 유어셀프LOVE YOURSELF' 타이틀 곡 〈DNA〉가 뮤직비디오로 글로벌 유튜브 조회수 1위를 차지하는 등 폭발적인 호응을 얻으면서 처음으로 미국 빌보드 메인 싱글차트 '핫Hot 100'에 진입했다.

이 같은 성과에 힘입어 BTS는 국내외에서 수많은 기록을 세웠다. BTS가 기네스북에 남긴 세계기록만 해도 2022년 말 기준 28개에 이른다. '미국 앨범차트 1위에 오른 첫 K팝 아티스트'(2018), '가장 높은 수입을 거둔 K팝 그룹'(2020년 5,000만 달러), '가장 많은 티켓을 판매한 라이브 콘서트'(2020년 75만 6,000장), '한국에서 가장 많은 앨범을 판매한 아티스트'(2021년 444만 장), 'K팝 음원으로 최장기간 미국 빌보드 차트 핫 100에 오른 아티스트'(2021년 32주) 등이다. 2021년에는 기네스 세계기록 '명예의 전당'에도 이름을 올렸다.

BTS는 K팝 인기를 아메리카, 유럽에까지 전파하며 '21세기 비틀스'라는 별명을 얻었다. 세계적인 권위를 가진 미국 레코드예술과학아카데미가 주최하는 그래미상에서 최우수 팝 듀오·그룹 퍼포먼스상 후보에 올라 단독 무대를 펼치기도 했다. 〈Life Goes On〉은 빌보드 62년 역사상 최초로 '핫 100' 1위를 차지한 한국어 곡으로 기록됐다.

그래미상은 불발됐지만 BTS는 수년간 국내외 상을 휩쓸다시피 했다. BTS가 받은 상은 2023년 1월 기준 총 382개에 달한다. '엠넷 아시안 뮤직 어워즈MAMA'에서는 2016년부터 2020년까지 5년 연속 대상인 '올해의 가수상'을 수상했고, '빌보드 뮤직 어워즈'에서 2017~2021년 '톱 듀오·그룹상', '톱 소셜 아티스트상', '톱 송 세일즈 아티스트상', '톱 셀링 송' 등 9번의 수상을 했다. 2020년에는 미국 월스트리트저널 매거진 주최 '2020 이노베이터 어워즈The 2020 Innovator Awards'에서 '뮤직 이노베이터Music Innovator' 부문 수상자로 선정됐으며 2021년 '아메리칸 뮤직 어워즈'에서 '올해의 아티스트'로 선

세계를 사로잡은 BTS

정됐다. 노래 〈Dynamite〉로 국내 역대 최다 음악방송 1위 신기록을 세운 것을 비롯해 총 161번의 음악방송 1위를 기록했다.

BTS가 21세기 팝 아이콘으로 부상한 데는 출중한 퍼포먼스 실력, 중독성 짙은 노래, 멤버들의 다양성, 외형적인 매력 등도 영향을 미쳤겠지만 이것만으로는 설명되지 않는다. 한국에는 BTS와 비슷한 수준의 실력과 배경을 가진 K팝 그룹이 많기 때문이다. 이 때문에 전문가들은 BTS 음악이 담고 있는 주제와 메시지에 주목한다. 그들의 음악이 남녀 간의 사랑을 주로 노래하는 다른 가수들과 달리 변화하는 시대정신을 담아 와서다.

특히 어린 학생들과 젊은이들의 꿈과 반항, 불안과 희망, 사랑에 대한 감정을 직접 가사에 반영해 이들의 공감을 불러일으킨 점이 BTS만의 정체성과 차별성을 키우는 힘이 됐다는 분석이다. BTS는 초창기 앨범에서 위태로운 청춘의 갈등과 성장을 표현했다. '러브 유어셀프LOVE YOURSELF' 시리즈에서는 사랑에 빠진 풋풋한 청춘들의 고민과 감정을 담아냈고, 코로나19 팬데믹 기간에는 국제사회에 연대와 희망의 메시지를 던지며 세계인들의 심금을 울렸다.

BTS는 음악 외 다양한 활동으로도 세간의 주목을 받아왔다. 한국 가수 최초로 UN 총회에서 청년 세대를 대표해 연설한 것이 대표적이다. 리더 RM은 2018년 미국 뉴욕 UN 본부에서 열린 UN 총회에서 "저는 김남준입니다. 단점도 많고 두려움도 많습니다. 내가 누구인지, 내가 누구였는지, 내가 누구이고 싶은지를 모두 포함해 나를 사랑하세요"라는 메시지를 던졌다. BTS는 2020년과

2021년에도 UN 총회 연사로 나섰다.

2021년 UN '제2차 지속가능발전목표 고위급 회의(SDG 모멘트)' 개회식에서는 BTS 멤버 전원이 한국어로 팬데믹 시대 전 세계 청년들에게 희망의 메시지를 전달해 눈길을 끌었다. RM은 "세상이 멈춘 줄 알았는데 조금씩 앞으로 나가고 있다. 모든 선택은 끝이 아니라 변화의 시작이라고 믿는다"고 말했다. 연설 후에는 UN 본부에서 미리 촬영한 〈Permission to Dance〉 특별 공연 영상도 함께 공개했다. '즐겁다', '춤추자', '평화'를 뜻하는 국제 수어를 활용한 안무를 담은 영상으로 세계인들에게 희망과 감동을 선사했다. 2022년 5월에는 한국 아티스트로는 처음으로 미국 백악관을 방문해 아시아계 증오범죄 근절을 위한 목소리를 높이기도 했다.

블랙핑크 유튜브 구독자, 전 세계 아티스트 중 최다

2016년 데뷔한 4인조(제니·리사·로제·지수) 걸그룹 블랙핑크는 그룹명에도 담겨 있듯이 힙합 스타일의 강렬한 음악과 당당한 매력을 상징하는 '블랙'과 예쁘고 우아한 소녀들을 나타내는 '핑크'의 반전을 가진 아티스트로 주목받고 있다. '예쁘게만 보지 마라', '보이는 게 다가 아니다' 등의 의미도 담고 있다. 힘이 있으면서도 섬세한 감성 표현이 돋보이는 음악과 화려한 퍼포먼스, 중독성 강한 후렴구와 포인트 안무, 한 편의 영화 같은 뮤직비디오, 각자의 개성을 살린 다채로운 비주얼이 블랙핑크의 강점으로 평가된다.

한국에서 태어나 뉴질랜드에서 유학 생활을 한 제니와 한국에서 자란 지수, 한국과 뉴질랜드 복수국적자인 로제, 태국인 리사 등 서로 다른 배경을 가진 멤버들이 각기 다른 매력과 문화를 갖고 있어 전 세계 다양한 국가 팬들로부터 공감을 얻은 점도 인기 요인으로 작용했다.

"Hit you with that ddu-du, ddu-du, du"

블랙핑크를 글로벌 스타로 만들어 준 히트곡 〈뚜두뚜두DDU-DU DDU-DU〉 후렴구에서 등장한 손으로 총을 쏘는 듯한 동작은 전 세계적인 밈 현상을 이끌어 냈다.

〈뚜두뚜두〉 뮤직비디오는 공개 4년 만인 2023년 1월 유튜브에서 K팝 그룹 최초로 조회수 20억 뷰를 돌파하면서 K팝 역사상 최고 기록을 세웠다. 유튜브에 따르면 블랙핑크의 〈Pink Venom〉 뮤직비디오는 공개 24시간 만에 9,040만 뷰를 기록하는 신기록을 세웠고 세계 40여 개 나라에서 인기 순위 1위에 올랐다.

블랙핑크는 2019년 미국 최대 음악축제 '코첼라 밸리 뮤직 앤드 아츠 페스티벌Coachella Valley Music and Arts Festival'에 K팝 걸그룹 최초로 초청돼 〈뚜두뚜두〉, 〈붐바야〉, 〈Kill This Love〉 등으로 세계적인 화제를 모으며 본격적인 글로벌 활동을 시작했다. 2019~2020년 월드투어 'BLACK PINK IN YOUR AREA'를 통해 북미, 유럽, 아시아, 오세아니아 등 세계 17개 나라 26개 도시에서 36회의 공연을 펼쳐 총 45만 2,183명의 관객을 모았고, 티켓 매진 행렬을 이어가

코첼라에서 공연하고 있는 블랙핑크의 모습

며 5,676만 달러의 매출을 올렸다. 괴물 신인 블랙핑크의 성장기와 비하인드 스토리는 2020년 10월 다큐멘터리 〈블랙핑크: 세상을 밝혀라〉를 통해 전 세계에 공개됐다.

블랙핑크는 신곡 발매와 동시에 최고·최초·최단의 기록을 쏟아냈다. 현재까지 30여 개 곡을 발매했는데 이 가운데 타이틀 곡을 비롯한 10여 개 곡이 세계 주요 음악 차트 1위를 기록했을 정도다. 2021년 걸그룹 최초로 빌보드 '아티스트 100' 차트 1위에 올랐다. 2022년에는 미국의 대중음악 시상식 'MTV 비디오 뮤직 어워즈 VMAs'에 K팝 걸그룹 최초로 초청돼 '베스트 메타버스 퍼포먼스'상을 수상했다. 블랙핑크는 '2022 MTV 유럽 뮤직 어워즈 EMA'에서도 같은 부문에서 수상했고, 멤버 리사는 솔로 앨범 'LA LISA'로 '베스트 K팝'상을 받았다.

특히 2022년 9월 발매한 정규 2집 앨범인 'BORN PINK'는 아이튠즈 앨범 차트에서 미국과 영국 등 54개 나라에서 1위에 올랐다. 또 애플뮤직 앨범 차트에서도 60개 나라에서 1위를 기록했다. 중국 최대 음원 사이트인 QQ 뮤직에서도 1위 등극은 물론 수록곡 전곡이 톱 순위권에 올라 글로벌 전역으로 확장된 블랙핑크 인기를 실감케 했다.

기획사 YG엔터테인먼트는 블랙핑크 컴백을 기념해 서울 N서울타워, 일본 도쿄타워, 미국 뉴욕 브루클린 브릿지와 로스앤젤레스 산타모니카 관람차, 프랑스 파리 에펠타워 등 세계 각국을 대표하는 랜드마크를 분홍색 조명으로 밝히는 이벤트를 진행해 '월드 클

블랙핑크에 쏟아진 찬사

- "블랙핑크는 현 음악 시장에서 가장 큰 성공을 거둔, 자타공인 세계 최고 걸그룹" _〈기네스 월드 레코드〉, 2023.01.26.
- "2022년 올해의 엔터테이너"_〈타임〉, 2022.12.05.
- "기록을 깨는 이 앨범('BORN PINK')은 이 4인조를 K팝 슈퍼스타로 빠르게 굳혔고, 그들은 '세계에서 가장 큰 걸그룹'으로 알려지게 됐다" _미국 그래미 어워즈, 2022.08.13.
- "2020년 세계 최대의 걸그룹" _〈포브스〉, 2020.12.07.
- "전 세계에 큰 파동을 일으키는 가수 블랙핑크! 영향력 있는 팝스타 1위" _〈블룸버그〉, 2020.11.10.

래스' 스타의 위상을 보여줬다. 2022~2023년 두 번째 월드투어 'BORN PINK'는 22개 나라, 150만 명 관객으로 규모를 한층 더 키웠다. 2023년 코첼라 밸리 뮤직 앤드 아츠 페스티벌에선 한국 가수 최초로 헤드라이너(간판 출연자)로 선정되는 쾌거를 이뤘다.

블랙핑크의 유튜브 채널 구독자 수는 2023년 6월 기준 8,900만 명으로 전 세계 아티스트 가운데 가장 많다. 인스타그램 팔로워 수역시 2023년 8월 기준 리사 9,688만 명, 제니 8,090만 명, 지수 7,516만 명, 로제 7,361만 명, 블랙핑크 공식 계정 5,717만 명으로 합계 3억 8,372만 명이 넘는다.

제니는 팝스타 위켄드가 제작한 미국 방송사 HBO의 드라마

〈디 아이돌The Idol〉(2023)에 출연하면서 할리우드에도 진출했다. 〈디 아이돌〉이 드라마 시리즈로는 이례적으로 2023년 5월 열린 제76회 칸국제영화제에 비경쟁 부문 공식 초청작으로 선정되면서 레드카펫 위에서 배우로서도 화려한 데뷔식을 치렀다.

세계에서 주목받는 K뷰티

과거 K뷰티는 아시아 시장을 중심으로 활동 영역을 넓혔지만, 최근에는 북미와 유럽 등에서도 주목받고 있다. 소비자들이 처음엔 K화장품에 대해 '가성비' 차원으로 접근했다가 써보니 품질까지 탁월한 것을 경험하고는 꾸준히 아모레퍼시픽, LG생활건강, 애경산업 등 한국 화장품을 찾는 경우가 대부분이다. 식품의약품안전처의 '2022년 화장품 생산·수입·수출 통계'에 따르면 국내 화장품 수출 실적은 2년 연속 10조 원을 상회했다. 화장품 수출 규모로 세계 4위 기록이다.

K팝과 K컬처의 인기에 힘입어 미국 젊은 세대 사이에서도 K뷰티가 '트렌디한 소비'로 유행하고 있다. 현대 네일아트의 진원지라고 할 수 있는 미국 뉴욕 시내 네일 살롱의 70~80%가 한국인 소유라는 것은 더 이상 놀라운 일이 아니다. 한국인 네일 미용사들은 특유의 꼼꼼함과 수준 높은 서비스로 현지에서 다른 국적 미용사보다 10~15% 더 높은 임금을 받을 정도로 인기다.

최근에는 한국 뷰티 시장이 세계적인 뷰티 제품의 테스트베드로도 주목받고 있다. 2015년 출시돼 세계적으로 큰 인기를 끈 미국 암웨이의 피부 관리용 뷰티 디바이스 '더마소닉'은 한국서 개발된 뒤 일본, 중국, 동남아시아를 비롯해 러시아와 유럽 등에 수출된 제품이다. 마스크 시트, 콜라겐·히알루론산 동결 건조 볼, 선블록(자외선차단제), 리프팅 패치도 해외소비자들을 사로잡았다. 뷰티 업계에서는 '한국에서 성공하면 전 세계에서 성공한다'는 말이 하나의 전략이 돼가고 있다. 세계시장에서 한국의 영향력이 점점 커지고 있을 뿐 아니라 한국 소비자들이 트렌드에 민감한 데다 여러 가지 측면을 꼼꼼히 따져 소비할 만큼 까다롭기 때문이다.

명품 브랜드 모델 휩쓴 한국 스타들

K팝 스타들을 중심으로 세계적인 명품 브랜드들이 '글로벌 앰배서더Global Ambassador'로 한국 스타들을 주목하고 있다. 글로벌 앰배서더는 세계시장 전역에서 브랜드를 대표하는 모델을 의미한다. 특히 블랙핑크의 경우 각각의 멤버가 서로 다른 명품 브랜드의 글로벌 앰배서더 역할을 하고 있어 이채롭다. '인간 샤넬'이라 불리는 제니는 샤넬, 로제는 생로랑과 티파니, 지수는 크리스찬 디올, 리사는 셀린느와 불가리에서 각각 글로벌 앰배서더로 활동해 왔다.

샤넬의 한국인 글로벌 앰배서더에는 제니 외에도 글로벌 톱모

© LVMH

2023년 5월 서울 잠수교에서 열린 루이비통의 프리폴 패션쇼

델 수주와 보이그룹 빅뱅BIGBANG의 지디, 배우 김고은이 있다. 수주와 지디는 샤넬에 영감을 불어넣는 뮤즈로도 꼽혔다. 크리스찬 디올의 또 다른 한국인 글로벌 앰배서더로는 아름다운 연기로 세계인들의 극찬을 받았던 피겨 스케이팅 선수 김연아와 BTS 지민이 있다. BTS는 오랜 기간 루이비통의 글로벌 앰배서더로 활동했다. 모델 겸 배우 배두나와 정호연도 루이비통의 글로벌 앰배서더다.

매혹적인 목소리와 감성 짙은 가사로 앨범만 냈다 하면 각종 음원 차트를 석권하는 국민 여가수 아이유 역시 동남아를 중심으로 큰 인기를 끌면서 글로벌 스타로 주목받고 있다. 구찌는 가수 겸 배우 아이유와 '괴물 신인'으로 불리는 걸그룹 뉴진스NewJeans의 태국인 멤버 하니, 보이그룹 엑소EXO의 카이, 배우 이정재와 신민아를 글로벌 앰배서더로 발탁했다. 모델 겸 배우 김다미는 펜디의 글로벌 앰배서더다. 프라다는 K팝 보이그룹 NCT의 재현을 글로벌 앰배서더로 지목했다.

2023년 5월은 전 세계 패션계의 눈이 한국의 서울로 쏠렸다. 루이비통과 구찌가 서울에서 상징적인 패션쇼를 열었기 때문이다. 〈오징어 게임〉의 황동혁 감독과 정재일 음악감독이 참여한 이들 브랜드의 패션쇼는 전통과 현대를 자유롭게 넘나들었고, 명품 업계에서 한국의 위상을 실감하게 했다.

루이비통은 한강 잠수교에서 브랜드 최초의 프리폴pre-fall 패션쇼를 열었다. 프리폴은 가을 시즌 전 간절기 컬렉션을 의미한다. 특히 런웨이로 변신한 795m 길이의 잠수교에서 〈오징어 게임〉으로 얼굴을 알린 정호연이 첫 번째 타자로 쇼의 개막을 알리면서 전 세계를 다시 한번 뜨겁게 달궜다. 음악은 산울림의 〈아니 벌써〉, 펄 시스터즈의 〈첫사랑〉, 한대수의 〈행복의 나라로〉 등이 장식했다. 한강의 바람과 물결은 물론 멀리 보이는 강남과 남산의 야경까지 쇼의 일부가 됐다. 쇼는 SNS 채널 등을 통해 전 세계에 생중계됐다.

같은 달 구찌는 한국 문화재청과 손잡고 서울 경복궁에서 '2024 크루즈 패션쇼'를 열었다. 1935년 건립된 경복궁 근정전 행각 235m

가 런웨이로 탈바꿈했다. 구찌는 영국 런던의 웨스트민스터 사원, 이탈리아 피렌체의 피티 궁전, 프랑스 아를의 프롬나드 데 알리스 캄프 등 세계의 역사적인 장소에서 쇼를 치른 바 있다.

금융투자 업계도 K팝 시장 주목

세계적인 투자가와 재벌, 실리콘밸리 벤처캐피털vc 등도 최근 K 팝 시장에 주목하며 투자에 열을 올리고 있다. 투자 대상은 엔터테인먼트사부터 팬 플랫폼, 기획사, 메타버스 등 다양하다. 한국의 콘텐츠 기업 카카오엔터테인먼트는 2023년 초 사우디아라비아와 싱가포르 펀드로부터 1조 2,000억 원의 투자를 유치했다. 국제적으로 명성이 높은 글로벌 펀드의 자금 유치는 그만큼 K컬처 위상이 높아지고 성장 잠재력이 커지고 있다는 방증으로 해석할 수 있다. 카카오엔터테인먼트는 2023년 3월 39.87%의 지분을 확보해 SM엔터테인먼트의 최대 주주로 올라섰다.

K팝 관련 스타트업 투자도 활발하다. K팝 플랫폼 '위엑스'를 운영하는 스타트업 레보이스트는 2022년 워런 버핏, 조지 소로스와 함께 세계 3대 투자가로 꼽히는 짐 로저스 로저스홀딩스 회장으로부터 초기 투자금을 유치했다. 로저스 회장의 두 딸은 블랙핑크 팬이다.

K팝 음원 투자 플랫폼 위엑스에는 세계 50여 개 나라에서 2,000명

이상의 투자자가 참여했다. K팝 커머스 플랫폼 '케이타운포유'는 2022년 3곳의 투자사를 통해 500억 원 규모의 투자금을 유치했다. 세계 5,200개의 K팝 팬클럽을 쇼핑몰과 연결시켜 2억 명에 달하는 회원을 보유한 커뮤니티로 성장시켰고, 연 매출이 2,000억 원을 넘어선 상태다.

웹툰을 만든 국가 한국

2023년 1월 네이버웹툰의 인기작인 〈바른연애 길잡이〉가 일본 메이저 방송사인 TV아사히의 드라마로 제작돼 방영됐다. 〈바른연애 길잡이〉는 대학생의 캠퍼스 라이프와 로맨스를 다룬 웹툰으로 국내에서 두꺼운 팬층을 형성하고 있는 네이버웹툰의 대표적인 지식재산권IP이다. 웹툰은 인터넷을 통하여 연재되는 만화를 뜻한다. 한국 웹툰이 국내 방송사를 거치지 않고 해외 전파를 타는 것은 이번이 처음으로 웹툰 수출의 새로운 장을 열었다는 평가를 받고 있다.

이처럼 한국의 음악과 영화, 드라마는 물론 웹툰과 게임 등 IP를 활용한 다양한 K콘텐츠도 세계적인 돌풍을 일으키고 있다. 웹툰을 원작으로 한 드라마·영화가 잇따라 흥행에 성공하며 K웹툰이 K팝에 이은 또 다른 한류의 축이 되는 추세가 확연하다. OTT 플랫폼 넷플릭스를 통해 세계적인 흥행을 거둔 〈스위트홈〉, 〈지옥〉,

〈지금 우리 학교는〉, 〈안나라 수마나라〉 등도 네이버웹툰에서 연재한 작품을 원작으로 제작한 K드라마다.

웹툰 파급력은 만화 그 이상이다. 웹툰은 드라마 각본으로 치자면 주요 장면들까지 시각적으로 표현돼 있는 데다 온라인 플랫폼을 통해 이미 대중적으로 팬덤을 형성한 작품의 경우, 흥행 가능성을 어느 정도 담보할 수 있다는 점에서 매력적인 콘텐츠다. 이런 이유로 K웹툰은 차세대 K드라마 각본의 노다지 역할을 하고 있다.

네이버웹툰의 전 세계 월 이용자는 2017년 5월 네이버로부터 분사할 당시의 4,600만 명에서 2022년 3월 1억 8,000만 명을 넘어서며 무서운 성장세를 구가하고 있다. 이용자 수가 급증하면서 연간 웹툰 매출액도 2017년 2,400억 원에서 2021년 1조 500억 원으로 337% 늘어났다.

만화왕국 일본 흔드는 K웹툰

"만화가 일본의 가예家藝(가장 뛰어난 분야)라는 상식이 무너지고 있다."

한국 웹툰이 만화 본고장 일본에서 인기몰이를 이어가자 일본 유력 언론이 이를 집중 조명했다. 2022년 8월 〈니혼게이자이신문〉은 스마트폰용 컬러와 세로 읽기 요소를 갖춘 '웹툰' 등을 무기로 한국이 일본 만화 애플리케이션 시장 상위를 점유하고 있다고 전했다. 〈니혼게이자이신문〉은 한국을 '라이벌'로 지칭하며 가내수공업을 닮은 출판사와 편집자 중심의 일본 만화 제작 시스템이 정보기술을 최대한 활용해 세계시장을 개척하고 있는 한국의 도전에 직면해 있다고 분석했다.

일본 만화 애플리케이션 시장은 오래전부터 우리 기업인 네이버의 '라인망가'와 카카오의 '픽코마'가 양분해왔다. 일본 출판 전문시장 조사회사 MMD 연구소는 '메차코믹'과 '소년점프' 등 일본 양대 업체도 선전 중이지만 한국 양강 체제에는 미치지 못하고 있다고 진단했다. 일본 만화 애플리케이션 이용률 순위에서 이들 2강 외에도 한국 기업으로는 '코미코'(5위)와 'e북재팬'(7위) 등 모두 4개

업체가 톱10에 이름을 올렸다. 일본의 1, 2위 만화 애플리케이션 운영사를 소유한 한국의 네이버와 카카오는 미국과 유럽 진출도 가속화하고 있다.

〈니혼게이자이신문〉은 현재 한국 웹툰의 기원이 1997년 외환위기 때까지 거슬러 올라간다고 해석했다. 당시 출판사들이 궤멸 수준으로 망가져 출판이 어려워지자 젊고 재능 있는 작가들이 온라인을 통해 작품을 발표하기 시작한 게 웹툰의 시발점이 됐다는 설명이다. "자유롭게 그리고 맘대로 공개한다. 인기를 끌면 판로나 수입은 따라온다"는 인터넷 문화가 웹툰의 인프라다. 편집자가 작가를 발굴해 데뷔할 때까지 육성하는 일본의 만화시장 시스템은 웹툰의 본질과 부합하지 않는다는 지적도 나온다.

창의력 천재 K콘텐츠

글로벌 웹툰 시장을 장악한 대형 웹툰 제작사 네이버와 카카오는 웹툰과 웹소설로만 연 1조 원대 매출을 올리고 있다. K콘텐츠 열풍을 이어받아 웹툰뿐만 아니라 게임과 캐릭터까지 사업 영토를 확장하고 있다. 기하급수적으로 성장하고 있는 또 하나의 K콘텐츠는 게임이다. 국내에는 넥슨과 엔씨소프트, 넷마블 등 '3N'뿐 아니라 크래프톤, 스마일게이트 등 중견 게임 제작사가 활발하게 활동하고 있다. 국내 게임 시장 규모는 2023년 현재 18조 원 수준이다. 연간 수출 규모도 8조 원에 달할 만큼 게임업체들이 제조업체 못지않은 수출 역군 역할을 하고 있다. 스마일게이트 등은 국내보다 해외에서 더 많은 매출을 올릴 정도다.

2022년 11월에는 게임 회사 넥슨이 미국 할리우드 영화 제작사 에이지비오AGBO 최대 주주가 되면서 글로벌 엔터테인먼트사로서의 영향력과 잠재력을 보여줬다. K팝 스타 BTS를 앞세워 전 세계 음악 시장을 평정한 하이브는 최근 자사가 보유한 '킬러 지식재산권IP'인 아티스트 자산을 기반으로 게임 사업에 진출해 K팝과 K게임 간 장벽을 허물었다.

넥슨은 그간 영화·TV를 비롯한 콘텐츠 분야에서 자체 IP를 강화하고 할리우드를 중심으로 해외 진출 전략을 담금질해왔다. 이를 두고 넥슨이 마블 유니버스를 기반으로 만화, 영화, 게임까지 사업을 확장한 '디즈니'의 사업 모델을 벤치마킹한다는 평가도 나왔다. 넥슨은 2021년 자사가 보유하고 있는 기존 IP 영향력과 가치의 확산을 목표로 '넥슨 필름&텔레비전'을 새롭게 만들었다.

하이브는 BTS 의존도가 높은 기존 음악 사업에서 게임, 웹툰, 메타버스, 대체불가토큰NFT 등 새로운 영역으로 사업을 다각화하고 있다. 앞서 하이브는 2019년 리듬 게임 개발사인 수퍼브를 인수한 데 이어 2023년초 게임 사업 부문을 '하이브IM'으로 분사했다. 2023년 6월에는 자체 개발한 모바일 게임 '인더섬 with BTS'를 출시했다.

게임 회사 크래프톤은 2021년 배우 마동석이 주연으로 출연한 영화 〈그라운드 제로〉, 배틀그라운드의 탄생 비화를 담은 다큐멘터리 〈미스터리 언노운: 배틀그라운드의 탄생〉 등을 선보여 화제를 모았다. 아울러 웹툰 제작사인 와이랩과 게임 IP를 활용한 웹툰 작품을 선보였다. 엔씨소프트는 '리니지2M' 게임에 등장하는 '도둑 너구리'를 모티브로 하는 캐릭터 '도구리'를 만들어 사업을 펼치고 있다.

세계 미술시장 허브로 떠오른 서울

최근 한국으로 외국의 세계적인 갤러리와 아트페어가 속속 진출하고 있다. 전통 미술시장에서도 한국과 서울이 새로운 글로벌 거점으로 부상하고 있음을 보여주는 것으로 해석할 수 있을 듯하다. 2022년 9월 국제 현대미술 박람회인 영국 프리즈가 서울에서 아트페어를 열었다.

프리즈는 스위스 아트 바젤, 프랑스 피악FIAC과 함께 세계 3대 아트페어다. '프리즈 서울'은 프리즈가 아시아에서 최초로 선보이는 아트페어로 '프리즈 로스앤젤레스', '프리즈 뉴욕', '프리즈 런던', '프리즈 마스터스'에 이어 5번째로 출범하는 글로벌 아트페어였다. 프리즈 서울은 2022년을 시작으로 한국화랑협회가 주최하는 국내 최대 규모 미술품 박람회인 '키아프KIAF(한국국제아트페어) 서울'과 함께 매년 '프리즈 서울'을 공동 개최할 예정이다.

2022년 서울 코엑스에서 공동 개최된 '키아프 서울'과 '프리즈 서울'의 전시

　2021년에는 현대미술 거장들을 대거 거느리고 있는 유럽의 타데우스 로팍 갤러리와 독일 베를린의 쾨니히 갤러리가 서울에 지점을 열었다. 타데우스 로팍 갤러리가 아시아에 지점을 오픈한 건 처음이다. 독일 베를린의 페레스 프로젝트, 미국 뉴욕의 글래드스톤, 투팜스 등도 2022년 아트 부산에 참여한 뒤 같은 해 서울에 지점을 냈다. 세계 3대 갤러리로 꼽히는 독일 스프루스 마거스와 스위스 하우저앤워스도 서울 지점 개관을 추진하고 있다. 이보다 먼저 한국에 진출한 페이스갤러리와 리만 머핀은 한남동으로 옮기며 갤러리 규모를 키웠다.

이처럼 세계적인 갤러리들이 한국 진출을 서두르면서 미술계는 홍콩에 이어 서울이 아시아 미술시장의 허브가 될 수 있을 것으로 기대하고 있다. MZ세대를 필두로 한국 미술시장이 가파른 성장세를 보이고 있는데다 항공·물류 등 지리적인 환경에서도 잠재력이 크다는 평가다. 예술경영지원센터에 따르면 국내 미술 시장 규모는 2022년 1조 4,618억 원으로 최근 2년 새 약 3배나 급팽창했다.

한국 작가들의 해외 활동도 활발하다. 해외 미술관과 갤러리에서 러브콜을 받으면서 세계 곳곳에서 전시회를 열고 있다. 이른바 '미술 한류'가 시작된 것이다. 2015년에는 베니스비엔날레 한국미술 특별전이 열렸다. 한국 단색화(모노크롬)의 선두주자 박서보 화백은 2016년 한국인으로는 처음으로 영국 최대 화랑인 런던 화이트큐브갤러리에서 개인전을 열었다. 당시 출품작인 1967~1981년 작 〈묘법〉 시리즈 16점이 전부 판매되어 큰 화제를 모았다. 프랑스 파리의 갤러리 페로탱은 2022년 3월 재불 한인 작가인 '이배'의 대규모 개인전을 열었다.

글로벌 이벤트에
강한 나라

    하계올림픽, 동계올림픽, 월드컵 축구대회, 세계육상선수권대회
는 세계 4대 스포츠대회로 불린다. 한국은 2018년 평창 동계올림
픽을 개최하면서 프랑스와 독일, 이탈리아, 일본에 이어 세계에서
5번째로 4대 스포츠대회를 모두 개최한 국가가 됐다. 한국은 앞서
1988년 서울 하계올림픽과 2002년 한·일 월드컵, 2011년 대구 세
계육상선수권대회를 개최했다. 미국은 2022년 오리건 세계육상선
수권대회를 열면서 4대 스포츠대회를 모두 개최한 6번째 국가로
한국의 뒤를 이었다.

    하계와 동계올림픽을 전부 개최한 국가도 8개 나라에 불과하
다. 1900년 프랑스가 최초로 두 대회를 모두 치렀고 이후 1932년 미
국, 1936년 독일, 1960년 이탈리아, 1972년 일본, 1988년 캐나다,
2014년 러시아가 동·하계올림픽을 모두 개최했다. 한국은 2018년

평창 동계올림픽 개최로 세계에서 8번째로 두 대회를 모두 치른 국가가 됐다. 두 번의 올림픽으로 한국은 올림픽 최다 개최 순위에서도 공동 8위에 올랐다.

그 밖에도 한국은 2019년 세계수영선수권대회와 1986년·1999년·2002년·2014년 아시안게임, 1997년·2003년·2015년·2027년 아시안게임 유니버시아드, 2024년 청소년 동계올림픽 등을 개최·유치한 스포츠 강국이다. 한국은 2038년 하계올림픽 유치에도 열을 올리고 있다.

국제회의 개최 수 세계 2위

한국은 세계에서 가장 많은 국제회의를 개최한 국가 중 하나다. 국제협회연합UIA 보고서에 따르면 한국은 2021년 한 해 동안 국제회의 473건을 개최해 아시아 1위, 세계 2위를 기록했다. 1위는 512건을 개최한 미국이 차지했고 408건을 개최한 일본은 한국의 뒤를 이어 세계 3위를 차지했다. 한국은 코로나19 팬데믹 이전인 2016년에는 997건, 2017년에는 1,297건으로 2년 연속 미국을 제치고 세계 1위를 달성하기도 했다. 한국의 인구와 영토 등 물리적인 규모를 감안하면 엄청난 성과다. 이제 국제회의는 서울뿐만 아니라 부산 등 다른 도시에서도 일상적인 일이 됐다.

UIA 기준 국제회의란 국제기구 주최(후원) 회의로 참가자 50명

이상 또는 국제기구 국내지부(단체) 주최 회의로 5개 나라, 참가자 300명(또는 전시회 동반), 외국인 참가 비율 40%, 회의 기간 3일 이상을 모두 충족하는 회의를 말한다.

2000년 제3차 아시아·유럽 정상회의ASEM가 서울에서 열렸다. 한국은 주요 20개국G20 모임 창설에 핵심적인 역할을 했고, 2010년에는 제5차 G20 정상회의를 서울에서 개최했다. 또 이명박 대통령의 강력한 요청에 따라 한국은 2012년 두 번째 핵안보정상회의NSS를 개최했다. NSS는 세계에서 가장 중요한 지도자들이 모이는 수뇌 회의로 꼽힌다.

2022년 10월에는 '스포츠계의 UN 총회'로 불리는 제26차 국가올림픽위원회연합회ANOC 총회가 서울에서 열렸다. 이로써 서울은 ANOC 총회를 가장 많이 개최한 도시가 됐다. 앞서 1968년(제5차)과 2006년(제15차)에도 서울에서 ANOC 총회가 열렸다. ANOC 서울 총회에는 세계 205개국 국가올림픽위원회NOC 대표단과 국제올림픽위원회IOC 위원장·위원, 종목별 국제경기연맹 회장 등 800여 명이 참석해 국제올림픽위원회, 국제스포츠중재재판소CAS, 세계도핑방지기구WADA와 관련된 국제스포츠 현안을 논의했다.

국제 박람회는 한국의 마이스MICE(국제회의와 전시회를 주축으로 한 분야) 산업에 활력을 불어넣고 있다. 1988년 서울 올림픽이 열린 지 불과 5년 만인 1993년 대전 세계박람회(엑스포)를 개최했다. 대전 엑스포는 같은 해 8월 7일부터 11월 7일까지 93일간 대덕연구단지 일대에서 열렸다.

한국이 주요 국제회의 개최지로 주목받는 이유는 인천국제공항을 필두로 한 한국의 지리적 이점과 선진화된 도시 인프라 덕분이다. 서울은 이미 글로벌 메가시티로 전 세계 최대 규모 항공사들의 라인이 구축돼 있어 외국인이 접근하기에 용이하다. 인천과 부산을 통한 물류 체계도 강점이다. 또 세계적인 브랜드의 최고급 호텔과 레스토랑, 편리한 교통망, 안전한 사회 분위기로 주목받고 있다. 지리적으로 아시아 무대 중앙에 위치해 있다는 점도 강점으로 꼽힌다. 수많은 국제회의와 국제 박람회를 개최하면서 서울 코엑스, 부산 벡스코, 일산 킨텍스 등 국제 컨벤션 센터도 세계적인 수준으로 올라섰다.

e스포츠 강국

다소 과장됐지만 외국인 남자들 사이에 떠도는 농담이 있다.

"한국 여자와 결혼하려면 장인과의 스타크래프트 대결에서 이겨야 한다."

한국에서 e스포츠가 남녀노소 가릴 것 없이 얼마나 광범위하게 확산해 있는지 잘 알려주는 이야기다. '스타크래프트'부터 '워크래프트', '리그 오브 레전드', '오버워치'까지 지난 20여 년간 한국은 대부분의 메이저 e스포츠 종목에서 챔피언 타이틀을 놓친 적이 거의 없다. 한국에서 프로게이머는 돈과 명예, 즐거움을 모두 얻을 수 있는 인기 직업군으로 꼽힌다. 전 세계 5억 명에 달하는 e스포츠 팬들이 한국 선수들의 환상적인 경기력에 환호할 정도로 한국은 'e스포츠 종주국'으로 불리고 있다.

2022년 11월 세계 최대 e스포츠 대회 '리그오브레전드LoL(롤) 월드 챔피언십'인 이른바 '롤드컵' 결승전에서는 한국팀끼리 맞붙는 진풍경이 벌어졌다. 롤드컵은 글로벌 게임 회사 라이엇게임즈의 대표 게임 '롤'의 세계 최강팀을 가리는 무대다. 약 4시간 30분간의 공방 끝에 한국의 프로게임단 DRX가 3대 2로 세 차례나 롤드컵 우승 경험이 있는 '롤의 제왕' 페이커(이상혁)가 이끄는 T1(SK텔레콤)을 꺾는 이변을 만들어냈다.

당시 역전승을 거둘 때까지 스릴이 넘쳤던 경기와 감동의 순간은 전 세계에 생중계됐다. e스포츠 차트에 따르면 2022년 11월 6일 미국 캘리포니아주 샌프란시스코 체이스 센터에서 벌어진 2022 롤드컵 결승전 시청자 수는 514만 명에 이르렀다.

e스포츠 최강국 한국의 힘은 PC방?

'롤'은 현재 e스포츠 주요 종목 중 단연 으뜸으로 꼽힌다. 한국은 '롤' 대회 최다 우승 기록을 보유하고 있다. 12번의 대회에서 7번 우승했고, 5번은 준우승을 차지했다. 그다음으로 우승 기록이 많은 나라는 중국(우승 3회, 준우승 3회), 유럽(우승 1회, 준우승 3회) 순이

리그오브레전드 월드 챔피언십 2022 결승전이 열린
미국 샌프란시스코 체이스 센터

다. 단일팀으로는 한국 SK텔레콤의 T1이 우승 3회, 준우승 2회로 세계 1위다. 한국 소속 팀이 아니더라도 2013년 이래 롤드컵 우승 팀에는 항상 한국인이 소속돼 있었고, 미드 라이너(롤 경기에서 핵심적인 전투 지역을 담당하는 챔피언)는 모두 한국인이었다.

한국이 이처럼 e스포츠 최강국 자리를 지키고 있지만 엄밀히 말해 e스포츠 종주국은 아니다. 게임을 대회 형태로 만든 것은 미국이다. 최초로 '프로게이머'라는 직군이 생겨난 곳도 미국이다. 그럼에도 불구하고 전 세계가 한국을 실질적인 'e스포츠 종주국'으로 인정하고 있는 건 한국이 세계 최초로 스타크래프트 리그를 방송으로 내보낸 국가였기 때문이다. 이제는 보편화됐지만 스타크래프트 리그 이전에는 생중계되는 e스포츠가 없었다.

한국이 e스포츠 강국으로 도약한 데는 IT 강국에 걸맞은 인프라스트럭처가 큰 도움을 줬다. 특히 다른 나라에서는 찾아보기 힘든 1만여 개의 PC방 환경이 큰 역할을 했다. 김대중 정부는 1997년 IMF 외환위기를 극복하기 위해 IT산업을 신성장동력으로 삼았다. 글로벌 IT 강국을 표방하고, 초고속 인터넷 인프라 구축에 전력을 다했다. 인터넷 네트워크 산업을 육성하면서 전국에 PC방이 기하급수적으로 늘어났고 PC방은 게임을 좋아하는 청소년들의 놀이터가 됐다. e스포츠 강국으로 성장할 수 있는 인프라가 잘 갖춰진 셈이다. 이런 IT 인프라 덕분에 한국에서는 청소년·성인 누구 할 것 없이 쉽게 게임을 접할 수 있다. 자라면서 게임을 접해보지 않은 아이들이 없을 정도다. 이용자 풀 자체가 넓다는 의미다. 자연스레 다양한 아마추어 대회들을 통해 자신의 실력을 가늠할 기회를 얻고, 가능성을 발견하면 프로게이머의 길이 열려 있다.

한국은 가장 많은 e스포츠 아마추어 대회가 열리는 국가이기도 하다. PC방 단위로도 대회가 개최되곤 한다. 가장 대표적인 게 한국 e스포츠협회가 주최하는 대통령배 전국 아마추어 e스포츠 대회 KeG다. 2007년 시작된 KeG는 문화체육관광부 장관배로 첫출발을 했는데, 2009년부터 대통령배로 승격됐다. 정부 주도하에 열리는 아마추어 e스포츠 대회는 세계에서 KeG가 유일하다. 수많은 프로게이머가 KeG를 거쳤다.

한국 게임사가 개발한 게임과 이를 기반으로 한 e스포츠 대회에 전 세계 참가자가 몰리면서 국제대회로 성장한 사례도 있다. e스포츠에 가장 공격적으로 투자해온 크래프톤은 2017년 '배틀그라운드' 출시 후 이듬해 배틀그라운드 e스포츠 세계 대회를 출범시켰다. 미국, 유럽, 아시아, 아시아·태평양 권역에서 여러 대회를 치를 정도로 규모가 커졌다. 대회 공식 홈페이지에 참가자로 이름을 올린 전 세계 프로팀만 90개에 달한다. 크래프톤이 직접 프로팀 창단 지원도 하고 있다.

비디오게임 시리즈 '크로스파이어'를 개발한 한국 스마일게이트는 2013년 e스포츠인 'CFS(크로스파이어스타즈)'를 론칭했다. 총 상금 100만 달러 이상을 놓고 전 세계 게이머들이 격돌하는 대회다. 이 대회를 발판 삼아 크로스파이어는 2014년 중국 내 게임 순위 1위를 기록했다. 6개월간 진행되는 크로스파이어 게임 예선전

2018년 배틀그라운드 전용 구장 '페이스북 게이밍 아레나'에서 열린
아마추어 e스포츠대회 'MK챌린지 with 배틀그라운드'의 결선 모습

에만 세계에서 10만 명의 게이머들이 참여할 정도다. 최근엔 처음
으로 아프리카 대륙에서도 대회를 개최했다. 스마일게이트의 해외
매출 비중은 80%가 넘는다.

한국 e스포츠 시장 빅뱅

대기업과 유수의 게임사들이 e스포츠에 열을 올리면서 한국 e스포츠 투자시장도 폭발적으로 커지고 있다. e스포츠를 비롯한 전세계 게임 산업에 50조 원을 쏟겠다고 공언한 사우디아라비아는 600조 원에 달하는 천문학적인 자산을 운용하는 국부펀드인 퍼블릭인베스트먼트펀드PIF를 통해 2022년 한국의 대형 게임사 엔씨소프트 주식 9,200억 원어치를 잇달아 매수해 2대 주주(지분 9.26%)가 됐다. 동시에 일본 증시에 상장된 넥슨 지분도 사들여 역시 2대 주주(9.14%)에 올랐다. 사우디가 이 두 회사에 투자한 금액만 3조 원에 이른다.

e스포츠 업계는 가상화폐를 적극 활용해 판을 키워가고 있다. 가상화폐업체들이 e스포츠 선수단 유니폼에 가상화폐 로고를 새기고 대체불가토큰을 활용한 경기 이벤트를 개최하는 등 e스포츠 시장의 주요 스폰서로 등장하고 있다. 한국의 크래프톤도 자사 대표 e스포츠 '배틀그라운드' 대회에 가상화폐와 NFT 도입을 검토 중이다. 국내 가상자산 거래소인 빗썸은 2022년 초 e스포츠 전문 기업 '젠지'와 손잡고 젠지 선수들의 유니폼에 빗썸 로고를 넣기로 했다.

해외 e스포츠 시장에서는 이미 가상화폐가 대세로 자리 잡고 있다. 싱가포르에 본사를 둔 가상자산 거래소 크립토닷컴은 2021년 9월 1,500만 달러(약 190억 원)를 내고 5년간 롤드컵 우승팀 프나

틱의 유니폼에 크립토닷컴 로고를 부착하고 NFT를 출시하기로 했다. 미국 최대 가상화폐 거래소 코인베이스도 2021년 말 세계적인 e스포츠팀 리퀴드와 4년간 파트너십을 맺었다.

한국의 국기에서
세계의 국기가 된 태권도

2023년 3월 서울 광화문 광장에 수천 명의 태권도 기합이 울려 퍼졌다. 2018년 태권도가 '국기(나라에서 전통적으로 즐겨 내려오는 대표적인 운동이나 기예)'로 지정된 것을 기념해 국기원, 대한태권도협회, 태권도진흥재단 공동 주최로 전 세계 태권도인들이 광화문 광장에 모여 태권도 단체 시연을 하며 기네스 기록에 도전한 것이다. 세계 각국에서 모인 1만 2,533명이 '태극 1장' 시연에 나섰고 이 중 1만 2,263명이 성공하면서 기네스 기록을 수립했다. 종전 최고 기록은 8,212명이었다.

태권도는 글로벌 스포츠로 확고하게 자리 잡았다. 무기 없이 손과 발을 이용해 공격 또는 방어하는 전통 무술인 태권도는 1988년 하계올림픽에서 시범 종목으로 채택됐고 2000년 하계올림픽부터 정식 종목이 됐다. 2018년에는 대한민국 국기로도 지정돼 한국을 대표하는 스포츠 종목으로 지위가 격상됐다. 태권도는 2024년 파리, 2028년 LA 올림픽 정식 종목으로 채택돼 8회 연속 올림픽 무대에 서게 됐다. 많은 사람들은 한국 선수들이 국제 태권도 대회에서 금메달을 싹쓸이할 것이라고 거의 확신했다.

하지만 2020년 도쿄 올림픽에서 한국은 태권도 전 종목을 통틀어 단 하나의 금메달도 따지 못했다. 8개의 금메달은 7개 국가가 나눠가졌다. 러시아가 금메달 2개를 거머쥐었고 미국, 세르비아, 우즈베키스탄, 이탈리아, 크로아티아, 태국이 각각 1개의 금메달을 가져갔다. 우리가 태권도 종주국이라는 사실에는 변함이 없지만 태권도를 즐기는 세계인들이 급증하면서 올림픽이나 세계 대회에서 한국 선수들이 메달을 따내는 게 갈수록 어려워지고 있다. 체급별 태권도 세계 랭킹 상위 10명 가운데 7명은 외국인으로 채워질 정도다.

태권도는 1972년 미국에 첫 해외 태권도장을 낸 지 50여 년 만에 세계인의 스포츠가 됐다. 국기원 태권도장이 들어선 국가만 206개 나라에 달한다. 한국의 정식 수교국(191개 나라)보다 더 많다. 사실상 세계 모든 나라로 태권도 영토를 확장한 셈이다. 심신 단련을 위해 해외에서 태권도를 수련하는 인구만 2억 명, 이 중 국기원 단증 보유자는 1,000만여 명에 달한다. 동티모르 같은 작은 국가에서도 젊은이들의 뜨거운 관심 속에 매년 수차례 태권도 관련 축제가 열릴 만큼 인기다.

© 매일경제DB

2023년 종로구 광화문광장에서 열린 '국기' 태권도 한마음 축제에 참석한
외국인 학생들이 태극 1장 품새를 연습하는 모습

세계인에게 사랑받는 태권도

태권도가 전 세계적으로 사랑받는 이유는 한류 열풍에 더해 태
권도가 체력뿐만 아니라 마음을 단련하는 데 도움이 되기 때문이
다. 2020년 1월 미국 〈뉴욕타임스〉에 태권도 수련을 통해 주의력
결핍행동장애ADHD를 겪던 두 자녀의 문제가 큰 폭으로 개선됐다
는 미국의 미혼모 프랜시스 라미레즈 씨의 사연이 소개됐다. 이 덕
분에 세계의 이목이 태권도에 또 한 번 집중됐다. 가톨릭 자선단체

지원으로 두 아이의 태권도 강습비용을 충당한 그는 "아이들에게 태권도를 가르칠 수 있게 돼 기뻤고 축복이었다"라며 "태권도를 시작한 이후로 아이들에게 변화가 생겼다"고 밝혔다. 태권도를 통해 자신감과 인내심을 배웠다는 것이다.

미국 캘리포니아주는 태권도가 국제적인 명성을 얻은 글로벌 스포츠이면서 체력은 물론 정신력을 길러준다는 점을 높게 평가해 매년 9월 4일을 '태권도의 날'로 지정하기도 했다. 〈뉴욕타임스〉는 "발레의 우아함, 아이스 스케이팅의 정밀함, 복싱의 고귀한 분노와 체스의 집중을 아우르는 아름다움이 태권도에 있다"며 태권도를 극찬했다.

태권도를 모티브로 한 콘텐츠도 인기다. 대표적인 것이 웹툰 작가 돌배가 자신의 경험담을 녹여낸 웹툰 〈샌프란시스코 화랑관〉(2013)이다. 장혜원이라는 본명을 가진 돌배는 유난히 우울했던 어느 날 하루 쉬기로 마음먹고 샌프란시스코 동네를 산책하던 중 한국의 태권도를 비롯한 다양한 무술을 가르치는 화랑관이라는 무술 센터를 우연히 지나게 됐다. 향수병을 극복하고 정신을 수양하는 데 도움이 되기를 바라며 등록했다. 그길로 돌배는 태권도에 푹 빠졌고, 태권도를 통해 달라진 자신의 삶을 사람들에게 알리고 싶어 웹툰을 그리게 됐다. 태권도를 통해 전업 웹툰 작가가 된 것이다. 높은 조회수와 평점을 기록한 이 웹툰은 단행본으로도 출간됐다.

어린이들에게도 태권도 관련 콘텐츠는 선풍적인 인기를 끌고 있다. 넷플릭스를 통해 전 세계 어린이들이 즐겨보는 애니메이션

인기 유아 유튜브·넷플릭스 콘텐츠 〈코코멜론〉 태권도편

시리즈 〈코코멜론〉에도 태권도를 배우는 아이들의 이야기를 다룬 에피소드가 등장했다. 〈코코멜론〉의 유튜브 공식채널 구독자 수는 2023년 8월 기준 1억 6,400만 명에 달한다. 태권도 편에서 주인공 JJ는 언니, 오빠, 친구들과 함께 태권도장을 찾아 즐거운 노래를 부르며 수련을 한다. 〈코코멜론〉 태권도편 영상의 조회수는 유튜브에서만 4억 뷰를 기록했다.

한국에서 태권도 학원은 초등학생들의 핵심 커뮤니티다. 아들이 초등학교에 입학하자마자 주변 엄마들 이야기를 듣고 태권도 학원부터 등록했다는 경기 성남시의 이미영 씨는 "태권도 학원에서 윗 학년 형, 누나들을 사귀게 된다. 주로 동급생끼리 어울리는 학교에서는 배우기 어려운 질서나 규칙을 자연스럽게 습득했다. 또 집중력과 인내심을 기르고 새로운 친구들을 사귀면서 학교생활에 적응하는 데 큰 도움을 받았다"고 했다. 특히 태권도 학원은 요즘 맞벌이 가정에게는 제2의 보육원이나 다름없다. 오후 12시~1시면 수업을 마치는 초등학교 저학년 하교 시간에 태권도 차량이 교문 앞에서 아이들을 태워 태권도 학원으로 데려간다. 또 태권도 수업을 마친 뒤에는 집이나 다른 학원으로 태워다 준다. 공교육이 맞벌이 부모의 빈자리를 채우지 못하는 현실 속에서 태권도 학원은 고마운 존재라는 게 한국 엄마들의 얘기다.

세계 206개 나라에서 활약하는 태극 사범들

태권도 인기가 날이 갈수록 높아지다 보니 세계 곳곳에서 활약하는 한국인 사범들도 많아졌다. 각국에서의 영향력도 대단하다. 충북 음성 출신의 정성희 사범은 태국 왕실 경호부대에서 태권도 사범으로 활동하고 있다. 국기원 공인 7단으로 방콕에 있는 국제연합 아시아·태평양경제사회위원회UNESCAP의 태권도 지도사범이기도 하다. UNESCAP에는 요가와 태권도만 공식 스포츠클럽으로 개설돼 있다.

대학원까지 태권도를 전공한 정 사범은 충북 청주에서 체육관을 운영했다. 그러다가 체육관 어린이 태권도시범단을 통해 문화

교류에 나서면서 태국과 인연을 맺게 됐다. 2004년에 태국 왕실 경찰사관학교 지도 사범으로 초청돼 태국에 둥지를 틀었다. 태국 내 월드태권도장 총관장이기도 하다. 태국 왕실 경찰사관학교 겸임교수, 왕실 경호대 자문관, 태국 경찰청 자문위원과 태국주재 한인사범연합회 상임부회장, 민주평통 서남아지회 위원 등으로 왕성한 활동을 하고 있다.

"홍콩의 거리에 한국 가수들이나 한국 관련 포스터, 광고가 정말 많다. 홍콩 아이들도 한국 태권도 사범에 대해 존경심을 갖고 찾아와서 정말 뿌듯하다." 홍콩 타이쿠싱에 위치한 YD태권도의 박새롬 사범이 한 외신과 인터뷰에서 밝힌 내용이다. 한국인이라는 자부심을 홍콩에서 새롭게 느꼈다고 한다. 한국에서는 태권도장을 어느 곳에서나 쉽게 접할 수 있어 특별하게 생각하지 않았는데 해외에서 사범으로 외국인 앞에 서보니 태권도에 대한 존경과 인기를 실감하게 되더라는 것이다.

K여권 파워,
192개 나라 무비자 입국

K팝과 한국 드라마·영화 등을 필두로 한국이 세계적인 문화 강국으로 주목받으면서 직접 한국 문화를 체험하려는 관광객들의 방문도 늘고 있다. 문화체육관광부에 따르면 한국을 찾은 외국관광객은 코로나19 팬데믹 직전인 2019년 1,750만 명으로 역대 최고치였다. 1.8초에 1명꼴로 외국인이 한국을 찾아온 것이다. 같은 해 한국은 관광 수입으로 25조 1,000억 원을 벌어들였고, 생산·취업 유발 효과는 46조 원과 46만여 명으로 평가됐다.

이후 코로나19 팬데믹으로 2020년 96만 명까지 줄어들었던 외국인 관광객은 팬데믹이 종료되면서 다시 가파른 회복세를 보이고 있다. 2023년 1월 한국 방문객은 43만 4,429명으로 전년 대비 4배 이상 증가했다. 이 중 65%는 재방문객으로 집계됐다. 정부는 2023년과 2024년을 'K컬처와 함께하는 한국 방문의 해'로 지정했다. 한국 방문의 해가 지정된 건 1994년, 2001년, 2010년, 2018년에 이어 이번이 5번째다. 문체부는 2027년 외국인 관광객이 3,000만 명을 돌파하고 이에 따른 관광 수입이 300억 달러에 이를 것으로 전망하고 있다.

세계가 주목하는 한국의 매력

한국의 국제적 위상이 높아지고 K컬처가 세계적인 관심을 받으면서 외신들도 한국의 매력에 주목하고 있다. 영국의 지상파 TV 방송사 '채널5Channel 5'는 2022년 11월 다큐멘터리 3부작 〈알렉산더 암스트롱과 함께하는 한국Alexander Armstrong in South Korea〉편을 방송 프라임 타임인 오후 9시에 방영해 화제를 모았다. 'What is Mukbang?(먹방은 무엇인가)'과 같은 한국 식문화 탐방은 물론 세계적으로 인기를 끈 한국 드라마 〈오징어 게임〉에 등장하는 전통 게임을 직접 체험하면서 한국의 매력을 소개했다.

캐나다 여행 전문매체 〈더 트래블〉은 한국에 대해 "한국만의 독특한 문화 체험 기회가 풍부하고, 자연과 역사가 한데 어우러진 곳이 많다. 휴가지의 이상적인 모습을 두루 갖고 있는 다채로운 여행지"라고 극찬했다. 한국만이 가진 독특한 문화적 희소성과 아름다운 자연환경에 더해 전통과 현대, 역사와 미래를 향한 혁신이 공존하는 한국 도시 면면이 외국인들에게는 신선한 경험과 자극이 되고 있다는 것이다. 세계적인 여행 전문매체 〈내셔널 지오그래픽 트래블러〉는 아시아의 많은 도시 가운데 부산을 '2023년 숨이 막히도록 멋진 여행지와 체험장소 25곳' 중 하나로 선정하기도 했다.

여권파워 세계 2위… 비자 없이 192개 나라 입국 가능

한국관광공사 '한국관광통계'에 따르면 우리나라 해외여행자 수는 코로나19 팬데믹 이전인 2019년 2,871만 4,000명에 달했다. 2019년 대한민국 인구(5,176만 5,000명)와 비교하면 국민의 절반 이상인 55.5%가 해외로 나간 셈이다. 연휴 때마다 인천국제공항이 해외여행객으로 북새통을 이루는 게 이제 다반사가 됐다. 해외여행뿐만이 아니다. 2021년 기준 대한민국 국민의 국내 여행 경험률은 93.9%에 달했다.

세계적으로 비교해봐도 한국인들은 상당히 여행을 즐겨 하는 편이다. 한국문화관광연구원에서 2021년에 발표한 세계관광지표에 따르면 2019년 기준 한국의 관광 지출은 327억 달러로 중국, 미국, 독일, 영국, 프랑스, 러시아, 캐나다, 호주, 아랍에미리트에 이어 세계 10위였다. 인구 1인당 연간 관광 지출(632 달러)은 이탈리아(507 달러), 미국(406 달러)보다도 높다. 국경이 봉쇄되고 사회적 거리두기가 시행되던 코로나19 팬데믹 기간인 2021년 한국의 관광 지출은 세계 6위까지 올라갔다.

무비자 여행이 가능한 국가 수를 의미하는 '여권 파워'도 세계 최고 수준이다. 영국 컨설팅그룹 '헨리앤드파트너스'가 국제항공운송협회IATA 자료를 토대로 발표한 '2023년 1분기 여권 파워지수Henley Passport Index'를 보면 한국의 여권 파워 순위는 세계 199개국 중 2위로 집계됐다. 한국 여권을 가지면 사전 비자를 받지 않고 192개 나라에 입국할 수 있다.

여권파워 1위는 일본(193개 나라)이고, 싱가포르(192개 나라)는 한국과 공동 2위다. 독일과 스페인이 190개 나라로 공동 3위, 핀란드와 이탈리아, 룩셈부르크는 189개 나라로 공동 4위, 오스트리아와 덴마크, 네덜란드, 스웨덴은 188개 나라로 공동 5위다. 186개 나라를 비자 없이 오갈 수 있는 미국과 벨기에, 뉴질랜드, 노르웨이, 스위스, 체코는 공동 7위다. 40개 나라를 여행할 수 있는 북한 여권은 102위다.

한국의 여권 파워가 이처럼 높은 이유는 대한민국 국민이 해외에서 불법 체류할 가능성이 매우 낮고, 돈 씀씀이가 작지 않아 방문 국가의 관광 산업 등에 도움이 된다는 평가를 받고 있기 때문이다.

재외동포 732만 명… 재외동포청 출범

외교부에 따르면 2021년 재외동포는 세계 193개 나라 732만 5,143명에 이른다. 남한 인구의 약 14%에 달하는 한국인이 해외에 살고 있는 셈이다. 가장 많은 재외동포가 살고 있는 국가는 미국(263만 3,777명)으로 2015년에 비해 17.6% 늘었다. 중국의 재외동포는 2015년 이후 줄곧 감소세를 그리면서 2위(235만 422명)로 밀려났다. 그 뒤로 일본 81만 8,865명, 캐나다 23만 7,364명, 우즈베키스탄 17만 5,865명, 러시아 16만 8,526명, 호주 15만 8,103명, 베트남 15만 6,330명, 카자흐스탄 10만 9,495명 등으로 이어졌다. 대륙별로 보면 동북아시아에 316만 9,287명, 북미에 287만 1,141명, 유럽에 67만 7,156명, 남아시아태평양에 48만 9,420명, 중남미에 9만 289명, 중동에 1만 8,379명, 아프리카에 9,471명이 거주하고 있다.

재외동포들은 국내 기업과 인재가 해외로 진출할 때 가교 역할을 해왔다. 한민족 혈통의 경제인을 의미하는 '한상韓商'은 이제 화상華商(중국계 상인)과 견줄 만큼 세계 무대에서 굳건한 뿌리를 내렸다. 막강한 잠재력을 지닌 한상 네트워크는 대한민국의 소중한 국가적 자산으로 자리매김했다. '금융한상'도 뉴욕 월가에서 맹활약 중이다. 1997년 외환위기 때는 재일동포들의 외화 송금이 국가 부도위기를 극복하는 데 커다란 도움이 되기도 했다.

맨손으로 고국을 떠나 세계 각지에서 사업체를 일군 한상들의 만남인 세계한상대회는 2022년 스무 돌을 맞았다. 세계한상대회는 한상 네트워크의 첨병 역할을 해왔다. 2023년 10월 미국 캘리포니아주 애너하임컨벤션센터에서 열리는 제21회 세계한상대회는 해외에서 열리는 첫 번째 한상대회다. 한인의 미주이민 120주년, 한미동맹 70주년의 역사적 의미를 담아 처음으로 한상대회를 미국에서 개최하기로 했다.

지구촌 오지에서 한상들의 활약도 대단하다. 오만 한상으로 제20회 세계한상대회장을 역임한 김점배 아프리카중동총한상연합회 회장(오만 알카오스트레이딩 대표)은 '아프리카·중동 한상의 대부'로 통한다. 1976년 오만으로 건너간 김 회장은 원양어선 선장과 기지장 생활을 하다 2000년 알카오스트레이딩을 설립했다. 당시 그에게 배 2척의 운영을 위탁했던 회사가 부도나자 김 회장은 배들을 사들였다. 이제 알카오스트레이딩은 1,000톤급 3척, 350톤급 2척의 트롤망 선박을 보유한 외양어선업체로 성장했다. 조업 지역은 인도양 소말리아 해역으로, 거점은 오만 수도 무스카트다. 2021년에 매출 3,000만 달러를 돌파했다.

김 회장은 지난 수십 년간 국내 기업의 오만 진출을 물심양면으로 도와왔다. 오만에 진출하는 한국 기업 관계자들이 현지에 정착하는 과정에서 '가이드' 역할을 해왔다. GS칼텍스가 오만에 진출했을 때 여수까지 가서 현지 생활에 관한 브리핑을 한 적도 있다. 2000년대 초 오만에 진출한 대우건설, 현대건설, GS건설 등 굵직굵직한 건설업체들 역시 김 회장의 도움을 받았다. 김 회장은 아프리카에서 ESG경영(환경·책임·투명경영)도 펼치고 있다. 물이 부족한 지역에 우물을 만들어주고, 저시력자들의 눈수술도 지원하고 있다. 아프리카 소말리아 인근 해역에서 매출을 올리고 있는 만큼 아프리카 지역 주민들에게 도움을 주자는 취지다.

2023년 6월에는 재외동포재단이 26년 역사의 뒤안길로 사라지고 재외동포의 출입국 수속부터 세무 문제까지 24시간 원스톱 서비스를 제공하는 재외동포청이 새롭게 출범했다. 재외동포청 설립으로 전 세계에 퍼져 있는 재외동포에 대한 체계적이고 종합적인 지원정책 수립이 가능해졌다.

한국이 여행지로
특별한 이유 10가지

① 24시간 '먹방' 가능한
다채로운 먹거리

- 전통 음식과 길거리 음식들이 다 모여 있는 곳곳의 전통시장에서 저렴하게 맛볼 수 있는 다양한 음식
- 한국식 치킨과 스테이크를 맛볼 수 있는 '치맥', '고기(삼겹살) 쌈'의 본고장
- 도심에는 24시간 내내 시간에 구애받지 않고 식사를 즐길 수 있는 식당이 늘 영업
- 국민 67명당 1개꼴로 골목골목 매우 많고 다양한 음식점(외식업체 수 2020년 기준 77만 개소, 한국농촌경제연구원·통계청)
- 고든 램지 버거, 구찌 오스테리아 등 한자리에 모여 있는 희소성 높은 글로벌 외식 브랜드들
- 최근에는 서울을 중심으로 한국 식재료를 새롭게 재해석한 이노베이티브(퓨전)

한식 다이닝 레스토랑이 세계인의 입맛을 사로잡고 있음

② 한국 드라마에 자주 나오는 장면!
한국에서만 체험 가능한 문화

- 목욕과 마사지는 물론 식사와 오락까지 한자리에서 해결 가능한 찜질방
- 좋아하는 K팝 노래와 춤을 눈치 보지 않고 개인적으로 즐길 수 있는 최적의 장소 노래방

티제이미디어의 가상현실(VR) 노래방 © 티제이미디어

DELI FOOD

서울 송파구 롯데마트 제타플렉스의 한쪽 매대 전체를 차지한 밀키트

© 매일경제DB

- 각종 전통놀이와 과거 한국의 생활상을 엿볼 수 있는 민속촌
- 식당에 찾아가지 않아도 거의 모든 음식을 어디서든 접할 수 있는 배달 문화
- 밥, 죽, 탕, 찜 등 안 되는 게 없는 한국식 전기밥솥, 1년 치 김치를 저장·숙성하는 김치냉장고, 없는 게 없는 밀키트 등 한국 가정식 체험

③ 마트 규모 이게 실화인가요?
쇼핑 천국인 한국

- 전국 5만 개가 넘는 편의점이 모세혈관처럼 촘촘히 분포해 어디서든 24시간 필요한 물건 구매 가능
- 온라인 쇼핑도 빠르면 주문 후 30분이내 물건이 배달되고, 통상 이틀 안에 구매한 물건 수령 가능
- 가까운 거리에 있는 일반적인 마트가 대형 쇼핑몰 수준으로 규모가 커 물품 구매가 용이
- 골목골목 전통시장과 로드샵을 구경하며 쇼핑하는 재미

④ 어딜 가나 산, 강, 고층 빌딩이 있다!
자연과 어우러진 현대적 도시

- 전국에 산과 강이 산재, 고층 빌딩이 빼곡한 서울 한복판에서도 느낄 수 있는 자연의 정취
- 삼면이 바다여서 해변 휴양지 접근 용이

- 전체 주택 중 아파트가 63.5%로 곳곳에 고층 주택 많아 도시 풍경 독특

⑤ 〈강남스타일〉의 강남 가볼까? K팝의 본고장 한국

- 싸이 〈강남스타일〉이 세계적인 돌풍을 일으킨 뒤 강남의 인지도가 높아진 것처럼 K팝 뮤직비디오 배경으로 등장한 장소들을 찾아다니는 재미
- 'BTS 지민이 먹은 떡볶이' 등 K팝 스타들의 흔적을 찾아다니는 테마 여행도 인기

⑥ 숨 막히는 절경이 눈앞에 있다! 아름다운 자연환경

- 에메랄드빛 바다를 품은 제주, 깊고 푸른 바다가 매력적인 강릉, 밤바다로 유명한 여수, 다양한 식물을 만날 수 있는 '정원의 도시' 순천, 섬과 바다로 이뤄진 통영, 노을이 아름다운 태안 등 지역별로 서로 다른 특색의 자연 풍경
- 제주도 화산섬·용암동굴, 갯벌(서천, 고창, 신안, 보성~순천 4곳) 등 세계문화유산에 등재된 한국 고유의 아름다운 자연환경

© 문화재청

유네스코 세계유산에 등재된 순천 갯벌

고객이 주문한 편의점 상품을 배달하는 라이더 © BGF리테일　　서울 노량진 방향에서 바라본 여의도 일대 전경 © 매일경제DB

⑦ 빠르고 편리한 도시 인프라,
　무료 와이파이도 빵빵한 한국

- 지하철, 버스, 고속철도(KTX) 등 교통 인프라가 잘 갖춰져 있어 이동이 편리하고, 전국이 일일생활권(서울~부산 KTX 기준 약 2시간 30분)
- 웬만한 공공 장소에서는 무료로 와이파이Wi-Fi 무선 인터넷 사용 가능
- 지하철 안에서나 도서 지역에서나 빠른 통신망 이용
- 각종 서비스 고객센터 업무 신속처리
- 밤 12시가 넘은 늦은 시간에도 대중교통 이용이 가능
- 다양한 플랫폼을 통해 택시, 대리운전, 택배 송수신 등 활용 용이

⑧ 낮은 범죄율과 좋은 치안,
　물건 두고 다녀도 괜찮은 한국

- 범죄 지수 세계 116위(26.68)로 각종 범죄율이 낮고 국제적 기준으로 봐도 여행하기에 매우 안전한 국가(미국 조사기관 세계인구리뷰 'Crime Rate by Country')
- 매우 낮은 물품 분실·도난의 위험. 공공장소에서 핸드폰을 두고 잠시 자리를 비워도 잃어버릴 가능성 희박

⑨ 어서와, 한국은 처음이지?
　친절한 한국인

- 예부터 '동방예의지국'으로 불렸던 한국은 일반적으로 낯선 사람에게도 예의를

2023년 6월 서울 경복궁에서 열린 '2024 구찌 크루즈 쇼'

갖추고 친절해 도움을 받기가 용이
* 상품·서비스 업계에 고객을 최우선시하는 문화가 형성돼 있어 어떤 애로사항이 발생하더라도 최대한 고객 입장에서 해결

⑩ 과거·현재·미래가 공존하는 압축 성장의 흔적

* 일제강점기의 아픔을 담은 서대문형무소(독립운동가 수감) 등 한국의 역사적 배경을 읽을 수 있는 장소 보존

* 가파른 성장으로 도시는 전체적으로 현대적인 분위기를 띠고 있지만 경복궁 같은 유적지나 낡고 오래된 건물에서는 수십, 수백 년 전 사람들의 생활상도 경험
* '한국 시장에서 성공하면 세계시장에서 성공한다'는 말이 있을 정도로 한국에서는 서빙로봇, AI 상품 추천 등 앞선 기술이나 서비스 경험 가능

4부

불이
꺼지지 않는
대한민국

"과연, 나보다 월급 많은 사람이 수두룩하구먼."

1968년 박정희 대통령이 한국과학기술연구원KIST 직원들의 급여가 적힌 서류를 보면서 했던 말이다. 1966년 설립된 KIST는 한국이 베트남에 파병한 대가로 미국 정부로부터 받은 1,000만 달러를 쏟아부어 만든 한국 최초의 과학기술 종합연구소였다.

KIST 초대 소장을 맡았던 최형섭 박사는 해외에 있는 한국인 과학자들을 고국으로 불러 모으고, 이들이 연구에만 매진할 수 있도록 파격적인 연봉을 제시했다. 당시 국립대 교수 월급이 3만 원 정도였는데, KIST 박사들은 이보다 3배 가까운 8만 원을 받았다. 물론 이 연봉도 외국과 비교하면 낮은 수준이었지만 국내 시각으로 보면 파격적인 대우였다. 미국 아이오와 주립대에서 박사 학위를 받고 듀폰연구소에서 일하다 한국으로 돌아온 안영옥 박사는 "KIST 월급은 듀폰에서 받던 월급의 30% 수준이었다"고 회고했다.

KIST에 입사하지 못한 다른 연구자들이 대통령실에 민원을 넣었다. 급여 수준이 다른 교수들과 비교해 형평성에 어긋난다는 이유였다. 박정희 대통령은 최형섭 박사를 불러 KIST 박사들의 월급을 살펴봤다. 당시 대통령 월급은 7만 원이었다. 최형섭 박사는 박

대통령에게 "월급이 부당하다고 느끼신다면 제 월급만 깎아주십시오. 다른 사람은 안 됩니다"라고 말했고 박정희 대통령은 "그대로 집행하시오"라고 답했다고 한다.

베트남 파병이라는 목숨값으로 지어진 KIST는 한국 과학기술 발전의 역사로 불린다. 설립 초기에 KIST의 과학자들은 무엇보다 경제 발전이 우선이었기에 상용화 연구에 매달렸다. 지금 기준으로 보면 다소 황당하지만, 수입한 원사로 진짜 모발과 같은 가발을 만드는 기술을 개발하는 게 KIST의 최고 과학자들에게 주어진 과제였다. KIST는 1969년 수입 원사를 이용해 진짜 사람의 머리카락과 비슷한 가발 원사를 개발했다. 이후 해외 가발업체와 수입 원사 확보 경쟁이 심화돼 원사 확보가 어려워지자 1972년에는 아예 원사 개발에 나섰다. 개발을 완료한 뒤에는 품질을 인정받아 2억 원의 기술료를 받고 산업계에 기술을 이전해줬다.

이처럼 KIST의 주된 업무는 당장 상용화가 가능한 응용과학에 치우쳐 있었다. KIST의 주요 성과를 살펴보면 1972년 국내 최초 컬러 텔레비전 수상기 개발, 1975년 국내 최초 미니컴퓨터 세종 1호 개발, 1984년 광통신용 섬유 개발, 1999년 국내 최초 휴먼로봇 센토 개발 등이 있다.

이런 KIST의 눈부신 발전을 유심히 지켜본 국가가 있다. 박항서 감독의 활약으로 한국에 대한 관심이 커진 베트남이다. 베트남 정부는 개발도상국에서 선진국으로 도약하기 위한 방안을 찾고 있었고, 이를 위해 빠른 발전을 이룬 한국을 눈여겨봤다. 베트남은 KIST가 한국의 발전에 큰 영향을 미쳤다는 판단 아래 KIST와 같은 종합연구소 건설을 계획한다. 그리고 한국에 도움을 요청했다.

"베트남에도 한국의 KIST와 같은 연구소가 있었으면 좋겠다는 꿈을 꿨다. 우리는 현재 산업화·현대화 과정에 있다. 과학기술 자원이 많이 필요하다. 베트남판 KIST인 'V-KIST'는 KIST의 경험을 배우면서 경제에 실질적으로 도움이 되는 제품, 빠른 속도로 응용할 수 있는 제품을 연구해 기술 효과를 극대화하고 싶다."

2021년 베트남의 한 TV 시사프로그램에 출연한 응웬 꾸안Nguyen Quan 전 베트남 과학기술부 장관은 한국과 베트남이 공동으로 추진해온 V-KIST 설립에 대한 기대감을 이렇게 표시했다. V-KIST는 한국의 종합과학기술연구소인 KIST를 모태로 2023년 초 출범한 베트남 정부 연구소다. 박항서 전 베트남 축구 대표팀 감독은 베트남 선수들에게 "우리도 할 수 있다"는 자신감을 불어넣어 단기간에 베트남을 동남아 축구 강국으로 도약시켰다. 이와 마찬가지로 과학기술 분야에서도 V-KIST가 베트남 과학기술을 한 단계 더 업그레이드시키는 작업에 나서고 있다.

V-KIST 사업은 2012년 한국·베트남 정상회담에서 응웬 떤 중Nguyen Tan Dung 당시 베트남 총리가 이명박 대통령에게 과학기술 역량 전수를 요청하며 시작됐다. 정부는 KIST를 통해 베트남에 종합연구소 설립을 지시했고 외교부 산하 한국국제협력단KOICA과 베트남이 설립 비용을 절반씩 부담하는 '수평적' 공적개발원조ODA 형식으로 지원 사업이 시작됐다. V-KIST라는 이름은 베트남 정부가 원해서 만들어진 이름이다. 한 나라를 대표하는 종합연구소의 이름에, 다른 나라 국가명이 들어가는 사례는 V-KIST가 유일한 것으로 알려졌다.

한국으로서도 V-KIST 설립이 갖는 의미는 크다. 1965년 당시 1인당 국민 소득이 100달러가 채 안 되던 시절, 한국의 베트남전 파병에 대해 미국이 원조금을 제시했다. 원조금 사용을 두고 빈곤 퇴치, 산업체 지원 등 다양한 방안이 거론됐다. 그때 박정희 대통령은 "과학기술이 한국의 미래"라며 미국 원조금 1,000만 달러에 정부 예산 1,000만 달러를 더해 과학기술연구소 설립을 지시했다.

이때 설립된 게 KIST다.

KIST를 향한 박정희 대통령의 애정 어린 일화는 수도 없이 많다. 앞서 언급한 높은 월급은 기본이고 박정희 대통령은 수시로 KIST를 찾아 과학자들과 막걸리를 한잔하며 그들의 목소리에 귀를 기울였다. 당시 KIST 월급이 높다 보니 자신들의 자녀를 KIST에 취직시키려고 청탁하는 권력자가 상당히 많았다고 한다. 하지만 박정희 대통령은 초대 소장 최형섭 박사에게 "신경 쓰지 말라"며 청탁과 간섭을 모두 차단했다고 한다. 당시 KIST 유니폼을 입고 있으면 처음 보는 사람이더라도 가게에서 외상을 줄 정도였다고 한다. 돈을 많이 버는 직장이라는 게 알려졌기 때문이다. 어린 아이들을 대상으로 한 설문조사에서도 장래 희망 1위는 언제나 '과학자'였다.

정부가 의지를 갖고 과학자들에게 연구할 수 있는 환경을 마련해주자 한국인 과학자들은 제대로 실력 발휘를 하기 시작했다. KIST는 국산 1호 컴퓨터를 비롯해 반도체, 자동차 원천 기술 등의 개발에 성공하며 산업화를 선도했다. 포항제철소 건설 계획 수립, 전자공업 육성 계획도 KIST에서 시작됐다. 한국의 과학기술 수준이 짧은 시간에 '기적'이라는 소리를 들을 정도로 급속하게 발전하는 데 KIST가 한몫을 단단히 했다고 볼 수 있다. KIST의 역사가 한국 과학기술의 역사라고 해도 무리가 없을 정도다. 이처럼 한국 과학기술 발전에 큰 영향을 미친 KIST가 이제는 다른 나라 경제발전을 위한 새로운 여정에 나서고 있는 것이다.

원조받던 국가에서
과학기술 지원 국가로

'미래의 꿈.' 1970년 실리콘밸리의 아버지라 불리는 프레드릭 터먼 미국 스탠퍼드대 부총장이 작성한 '한국과학원(현 KAIST) 설립에 관한 보고서'맨 마지막 장의 제목이다. 터먼 부총장은 한국과학원이 2000년에는 다음과 같은 학교가 돼 있을 것이라고 예언했다. "국제적인 명망을 가진 이공계 교육 기관. 정치와 경제 각 분야의 리더를 배출하는 학교. 한국인 생활수준 향상에 크게 이바지하는 학교." 터먼 부총장의 예상대로 KAIST는 서울대와 함께 국내 우수 연구 중심대학으로 성장, 한국의 경제발전에 크게 기여했다는 평가를 받고 있다. 실리콘밸리의 아버지, 터먼 부총장은 왜 KAIST 전망에 관해 언급하게 됐을까.

1970년 4월 8일 박정희 대통령은 독립적인 과학기술대학원 설립 추진을 지시했다. 존 한나 미국 국제개발처USAID 처장의 제안을 수용한 것이다. 존 한나 처장은 1960년 미국 미시간주립대 총장으로 재직하던 시기, 정근모 전 과학기술처 장관에게 특별 장학금을 주며 입학시킨 인물이다. 정근모 전 장관은 미시간주립대에서 박사학위를 받은 뒤 미국 매사추세츠공대MIT에서 연구교수로 일했다. 여기서 정근모 전 장관이 논문을 썼는데 "개발도상국에서 두뇌유출을 막으려면 개발도상국 내에 세계 최고의 이공계 특수 대학원을 만들어야 한다"는 내용을 담고 있었다. 이를 본 한나 처장은 박정희 대통령에게 한국과학원 설립을 제안했고, 박정희 대통령은 이를 곧바로 추진했다.

과학원 설립 실무위원회가 발족한 뒤 1970년 8월 '한국과학원법'이 공포됐다. 이 특별법에는 연구 자율성 보장, 정부 출연금 지급, 군대 면제와 같은 병역 특별조치 등 파격적인 내용이 다수 담겨 있다. 한마디로 "국가가 모든 것을 지원할 테니 마음껏 연구하라"는 선언이었다. 정부는 USAID에서 받은 600만 달러 규모의 차관을 한국과학원 설립 종잣돈으로 사용했다.

USAID의 차관 제공으로 1973년 서울 홍릉에 한국과학원이 완공되고 그해 3월 첫 신입생이 입학했다. 그해 9월에는 1956년 노벨 물리학상 수상자인 월터 브래튼 박사가 기념 강연을 했다. KAIST는 2023 'QS 세계대학' 공학 분야에서 국내 1위, 세계 24위를 기록했다. 아시아의 대학 중에서는 종합 8위에 올랐다. 영국의 대학평가기관 THE가 개교 50년을 넘기지 않은 학교 중 순위를 평가하는 '세계 신흥대학 순위'에서는 2021년 세계 4위에 올랐다.

GDP 대비 과학기술 투자 1~2위

세계 최빈국이었던 한국은 KIST 설립과 함께 과학기술에 과감하게 투자하면서 빠른 성장을 이뤄냈다. 세계인들은 한국의 놀라운 발전을 '한강의 기적'이라고 표현한다. 지금은 잘 쓰지 않지만 1990년대에는 한국을 싱가포르, 대만, 홍콩과 함께 '아시아의 네 마리 용'으로 비유하기도 했다. 일본에 이어 고도성장을 이어가는 국가라는 의미였다. 전쟁 뒤 폐허가 되어버린 땅에서 불과 반세기만에 세계 10대 경제 강국이 탄생했다. 삼성전자를 비롯해 현대자동차, SK하이닉스 등 한국의 기업들은 짧은 역사에도 불구하고 수백 년의 전통을 가진 글로벌 기업들과 당당히 경쟁하고 있다.

한국의 글로벌 기업들은 공통점이 있다. 모두 과학기술을 배경으로 한다는 사실이다. 과학기술에 대한 투자가 얼마나 중요한지 깨달은 한국은 매년 대규모 자금을 연구개발R&D에 쏟아붓고 있다. 한국의 GDP 대비 연구개발 투자 비율은 세계 최고 수준이다. 2021년 한국의 총 연구개발 비용은 102조 1,352억 원으로 처음으로 100조 원 시대를 열었다. GDP 대비 연구개발비 비중은 4.96%로 혁신 강국으로 알려진 이스라엘에 이어 세계 2위다.

GDP 대비 연구개발 투자 비중은 한국과 이스라엘이 매년 1위 자리를 놓고 다투는 분야다. 2000년 한국의 GDP 대비 연구개발 투자 비중은 2%에 불과했지만 20년 사이 빠르게 높아졌다. 한국의 연구개발 투자 대부분은 민간이 주도하고 있다. 민간 투자 금액

은 78조 403억 원으로 전체 총 연구개발비의 76.4% 수준이다. 단계별 연구개발 비용을 뜯어보면 개발연구가 65조 5,647억 원으로 가장 높은 비중(64.2%)을 차지했고 그 뒤를 이어 응용연구(21조 4,704억 원), 기초연구(15조 1,002억 원) 순으로 분류된다.

한국의 과학기술 분야 연구원 수는 58만 6,000명으로 중국과 미국, 일본에 이어 세계 4위에 해당한다. 경제활동인구 1,000명당 연구원은 16.7명, 인구 1,000명당 연구원은 9.1명으로 두 분야 모두 세계 1위다.

올림피아드
싹쓸이하는 한국

　버락 오바마 전 미국 대통령은 재임 당시 한국의 교육 시스템과 우리 국민 특유의 '교육열'을 상당히 부러워했다. 공식 연설을 비롯해 여러 인터뷰에서, 그리고 이명박 전 대통령을 만난 정상회담 자리에서도 한국의 교육열과 교육 시스템에 대해 칭찬을 아끼지 않았다. 말 그대로 '한국 교육 마니아'였다.

　세계 최고 수준의 사교육비, 하루 12시간씩 공부해야 하는 아이들의 힘겨운 경쟁 등 그림자도 적지 않은 만큼 오바마 전 대통령의 한국 교육 시스템에 대한 사랑을 두고 비판의 목소리가 있는 것도 사실이다. 심지어 이명박 전 대통령조차 정상회담 자리에서 오바마 전 대통령이 한국 교육을 칭찬하자 "당황했다"는 말을 남겼다고 한다.

　세계 최강국이자 '정보전쟁'에서 둘째라면 서러워할 미국이 한국 교육 시스템이 지닌 부작용을 몰랐을 리 없다고 보는 게 타당하다. 단지 반세기 만에 세계 최빈국에서 세계 10위권 경제 대국으로 성장할 수 있었던 저력의 밑바탕에 교육이 자리 잡고 있음을 강조하려는 의도가 있었다고 본다.

전 세계 학생들을 대상으로 시행한 '학업성취도 국제비교연구 PISA'에서 미국 초중고 학생들의 수학·과학 성적이 한국 학생들보다 크게 뒤처지는 것은 물론이고 선진국 중 하위권에 머문 사실도 영향을 줬을 것이다. 미국이 세계 최강국 위상을 유지하려면 교육 개혁이 필요하다는 차원에서 한국의 교육열을 본보기로 삼고 싶었을 것이다. 우리 학생들의 실력은 과연 어느 정도일까.

"한국에서는 교사가 국가 건설자로 불립니다."

_버락 오바마의 2011년 국정연설 중에서

"한국과 핀란드 같은 곳은 교육제도가 정말 잘 돼있습니다. 선생님은 존경받는 직업이기도 합니다."

_버락 오바마의 2014년 타운홀 미팅 중에서

20년 연속 OECD 학업성취도 톱

경제협력개발기구가 설계한 PISA는 15세 이상 학생들을 대상으로 각국 학업성취도를 평가하는 시험이다. 2000년부터 3년마다 실시되는데, 2021년은 코로나19 영향으로 연기돼 2018년 PISA 결과가 최신 데이터로 남아 있다.

2018년 세계 79개 국가(OECD 회원국 37개 국가, 비회원국 42개 국가)에서 71만 명이 평가에 참여했다. 한국에서는 188개 학교 6,876명의 중·고등학생이 응시했다. 한국 학생들은 모든 영역에서 상위 수준의 성취를 보였다. 읽기 평균 점수 514점, 수학 평균 점수 526점, 과학 평균 점수 519점으로 모두 OECD 평균을 상회했다. 읽기는 2~7위, 수학은 1~4위, 과학은 3~5위를 기록했다. 2015년의 PISA 결과와 비교했을 때 OECD 회원국 평균 점수는 모든 영역에서 하락했지만 한국의 수학, 과학 평균 점수는 상승했다. PISA가 처음 시행된 2000년부터 한국은 읽기, 수학, 과학의 3개 부문에서 모두 상위권을 유지하고 있다.

한국인 부모들은 아무리 가난해도 자식 교육시키는 것을 '미덕'이자 '의무'로 여겼다. 가난에서 벗어날 수 있는 가장 효과적인 방법이 교육이라고 믿었던 만큼 "소 팔아서 자식 대학 보낸다"는 말이 당연하게 여겨지던 사회였다. 모두가 못살던 시대, 공부하면 좋은 대학에 갈 수 있었고 대기업을 비롯해 의사, 판사, 검사 등 전문직업을 가져 보란 듯 잘 살 수 있었다. 좋은 대학에 입학해서 좋은 직장을 얻으려고 하는 경쟁은 나 자신은 물론 국가 발전에도 기여한다는 생각이 강했다. 이 같은 교육열은 한국이 후진국에서 개발도상국으로, 그리고 개발도상국에서 선진국으로 나아가는 데 든든한 디딤돌이 됐다.

교육 지표 통계가 이를 여실히 보여준다. 한국의 고등교육 이수율은 2021년 51.7%로 1997년 이후 단 한차례도 떨어지지 않고 상승했다. 고등교육 이수율이란 25~64세 인구 중 대학을 졸업한 비율이다. 2021년 OECD 평균은 41.1%로 한국보다 10%P 이상 떨어진다. 25~34세 청년층의 고등교육 이수율 69.3%는 OECD 국가 중 1위다. 교육단계별 1인당 공교육비 지출액도 한국 초등교육의 경우 1만 3,341달러, 중등교육은 1만 7,078달러로 OECD 평균을 크게 상회했다. 초·중등교육의 경우 GDP 대비 정부 재원 공교육비 비율은 3.4%도 OECD 평균보다 높은 것으로 나타났다.

과학올림피아드는 항상 상위권

비단 학생들의 평균 성적만 높은 것이 아니다. 학업 성적이 최상위권인 학생들이 참여하는 '국제 올림피아드' 대회에서도 매년 한국은 좋은 성적을 내고 있다.

2022년 국제 수학올림피아드에서 한국은 종합 2위를 차지했다. 104개 나라 589명의 학생이 겨룬 대회에서 한국대표단은 금메달과 은메달을 각각 3개씩 획득하는 등 참가자 6명 전원이 메달을 획득하는 기염을 토했다. 국가별 순위는 1위 중국, 2위 한국, 3위 미국, 4위 베트남, 5위 루마니아, 6위 태국, 7위 독일, 8위 이란·일본, 10위 이탈리아·이스라엘이었다. 2022년 국제 물리올림피아드에서도 한국은 금메달 4개, 은메달 1개로 종합 2위에 올랐다. 국제 화학올림피아드에서도 한국은 금메달 2개, 은메달 2개로 5위를 차지했다.

미국의 국제교육원IIE이 제공하는 '오픈도어'에 따르면 미국에서 공부하는 한국인 유학생 수는 코로나19 이후 급감했다가 2022년부터 다시 증가세로 돌아섰다. 2022년 대학생과 대학원생을 비롯해 '졸업 후 현장실습OTP'과 연수 등으로 미국에 머무르고 있는 유학생 수는 4만 755명으로 2021년에 비해 3.2% 증가했다. 중국 29만 86명(30.6%), 인도 19만 9,182명(21%)에 이어 세 번째(4.3%)로 많다.

미국 명문 대학에서 공부하는 한국인 학생도 상당하다. 하버드 월드와이드 웹페이지에 따르면 2018년 317명의 한국인이 하버드대에 등록했다. 이는 캐나다와 중국, 인도 다음으로 많은 숫자다. 당해 연도 기준으로 하버드대를 졸업한 한국인 수는 한국계 미국인을 제외하면 1,413명이다. 최근 하버드대는 특정 국가 학생 비율을 공개하고 있지 않는데 한국인 비중은 여전히 높을 것으로 추정된다.

최근에는 미국에 치중돼있던 유학 대상 국가가 다양해지는 추세다. 교육부에 따르면 2017년 이후 한국인 해외 유학생 수는 꾸

준히 줄어 2022년에는 12만 4,320명을 기록했다. 국가별로는 미국과 중국이 차지하는 비중이 50% 이내로 줄어든 반면 일본, 캐나다, 독일, 프랑스 등의 비중이 늘어났다. 해외 유학생이 줄어드는 것은 코로나19 영향과 함께 출생률 저하 등도 영향을 미친 것으로 볼 수 있다. 2000년대 초반부터 유행했던 도피성 유학이나 조기 유학이 줄어든 영향도 있는 것으로 풀이된다.

국제 기능올림피아드 1등 행진

1960년대 누구나 먹고사는 일이 힘들었던 시절, 일곱 남매의 장남이었던 배진효는 15살 때부터 부산의 작은 구둣방에서 잔심부름을 하며 돈을 벌었다. 이후 무작정 서울로 상경해 '제화점(신발을 만드는 가게)'을 찾았다. 여기서 제화 기술을 습득한 배진효는 1967년 7월 15일 스페인 마드리드에서 열린 제16회 국제 기능올림 픽에 도전하려 했다. 하지만 한국이 참가하려는 종목에는 제화가 빠져 있었다. 공업용 기술뿐 아니라 디자인 기술까지 있어야 하는 제화 부문에서는 경쟁력이 낮다고 판단했던 탓이다.

하지만 다행스럽게도 배진효는 당시 일하던 제화점의 도움으로 대회에 참가할 수 있었고 결국 금메달을 따냈다. 같은 해 7월 27일 김포공항으로 입국한 배진효를 위해 서울까지 카퍼레이드 행렬이 이어졌다. 이후 배진효의 제화점은 '스페인 공주의 신발을 만든 청 년'이라는 소문이 나면서 인기를 끌었다. 기능올림픽 출전과 메달 은 개인의 성공을 뒷받침하는 발판이었을 뿐 아니라 우리나라가 제조업을 통해 기능 강국이 되는 기반이 됐다.

1947년 스페인에서 시작돼 1950년 처음 국제대회로 열린 국제 기능올림픽은 17세에서 22세 청소년이 참가할 수 있고 2년 주기 로 개최된다. 한국은 국제 기능올림픽대회 중요성을 일찍부터 인지 하고 이 대회를 통해 한국의 공업 기술을 끌어올릴 수 있을 것으로 판단했다. 기술 인력을 중시하는 정책과 사회 분위기, 한 가지 일 만 잘해도 성공할 수 있다는 믿음으로 한국은 기능올림픽에서 빠 르게 두각을 나타내기 시작했다. 1967년 첫 출전 후 이듬해 3위 에 오른 한국은 1977년 1위를 차지하며 세계를 놀라게 했다. 이후 한국은 1991년 대회까지 1등을 단 한차례도 놓치지 않았다. 1977년 이후 2022년까지 총 24차례 대회 동안 한국은 19차례나 1위를 차지하며 기능올림픽 부문에서 전무후무한 기록을 남겼다.

2017년 이후에는 중국이 1위 자리를 놓치지 않고 있지만 한국은 여전히 2위권을 유지하고 있다. 2022년 열린 국제 기능올림픽 특별대회에서 한국은 금메달 11개, 은메달 8개, 동메달 9개로 2위를 차지했다. 한국은 특히 사이버보안, 정보기술 등 IT 직종에서 강세를 보였다. 또 전통적으로 강세를 이어가고 있는 용접, 금형 등에서도 금메달을 획득했다.

물고기 잡으러 갔다가
남극과학기지 건설

원양어업이 활발했던 한국은 1978년 제1차 조사선을 남극대륙 해역인 '안더비랜드'에 파견했다. '크릴'을 시험 어획하기 위해서 였다. 경제개발이 본격화되고 수출의 닻을 올리던 시절, 위험을 무릅쓰고 먼바다에서 잡은 수산물은 좋은 수출 품목이었다. 어획 확대를 위해 당시 수산청(현 해양수산부)이 경비의 절반을 부담하고 남북수산이라는 원양어업 회사가 남극 사업을 맡았다. 남북수산은 1978년부터 2년 동안 크릴 511톤을 어획했다.

어획량은 많지 않았지만 당시만 해도 한국에는 남극대륙에 다녀온 사람이 없었고 가는 길도 몰랐던 만큼 남극 원양어업을 위한 의미 있는 첫걸음이었다. 기록에 따르면 당시 남북수산주식회사의 배 '남북호'에는 승무원 94명과 조사단 5명, 신문기자 6명이 탑승했다. 조사단은 크릴 어획을 위한 어구(수산 생물을 채취하는 도구)

와 어법을 연구하고, 크릴의 생태와 분포 상태를 조사했다. 남극에서 잡은 크릴은 낚시 미끼나 사료, 비료 등으로 사용됐다. 한국은 남극 해역에서 크릴을 어획하면서 자연스럽게 국제사회가 요구하는 '남극해양생물자원보존협약'에 가입하게 된다.

원양어업을 위해 향했던 남극. 한국 사람들의 상상력, 의지는 여기서 멈추지 않았다. 당시 한국해양소년단연맹은 청소년들에게 호연지기를 심어주는 방안으로 남극 탐험을 꺼내 들었다. 경제는 빠르게 발전하고 있었고, 교육열까지 뒷받침됐다. 어깨동무하고 "으쌰 으쌰" 하는 분위기와 "하면 된다"라는 의지가 뒷받침되니 대한민국의 발전은 예견된 일이었다.

1984년 한국해양소년단연맹은 '한국남극관측탐험단'을 조직해 탐험을 준비했다. 여기에 외무부(현 외교부)가 나서 과학연구의 중요성을 강조하면서 해양연구소 과학자들도 탐험단에 합류했다. 한국남극관측탐험단은 1985년 11월 세계에서 여섯 번째로 해발 4,892m의 빈슨 메시프를 등정했고, 칠레와 중국의 남극기지를 방문했다. 1988년 서울 올림픽을 앞둔 상황에서 한국 탐험단의 남극 탐사는 국가적 관심사로 떠올랐다. 한강의 기적을 일군 나라가 올림픽을 앞두고 국제사회에서도 영향력 있는 일을 하고 있다는 인식을 심어줬기 때문이다. 한국의 남극 진출은 일사천리로 진행됐다. 정부는 남극조약 가입을 추진했고 1986년 세계 33번째로 조약에 가입했다. 이어 장기적으로 과학연구와 자원개발 등의 필요성에 따라 1987년 남극기지 건설을 결정했다.

일사천리로 진행된 남극세종기지 건설

남극기지 건설 결정을 내리고 불과 석 달 만에 과학자와 기술자 등으로 구성된 답사반이 남극기지 후보지를 답사했다. 1987년 10월 국내 기술진은 남극기지 건설을 위한 자재와 장비를 싣고 남극으로 향했다.

건설자재가 가득 실린 건설선은 같은 해 12월 15일 남극 킹조지 섬에 도착했고 12월 16일 기공식을 가졌다. 남극기지 건설을 결정하고 불과 1년 사이에 기공식까지 일사천리로 진행한 것이다. 공사는 남극의 여름 동안에만 가능했던 만큼 아침 7시부터 밤 10시까지, 때로는 새벽 2시까지 180여 명의 건설인력이 쉬지 않고 진행했다.

기공식 후 2개월 만인 1988년 2월 17일 남극세종기지가 준공됐다. 이로써 한국은 남극에 연중 내내 사람이 머물 수 있는 상주기지를 운영하는 국가가 됐다. 선진국과 비교하면 40년가량 늦었지만 상용화 연구에만 매진하던 1980년대 분위기에서 기초과학과 연구를 위해 남극기지를 건설한 것은 한국의 연구개발 역사에 뜻깊은 이정표였다. 이어 한국은 남극기지 설치 운용과 연구 성과를 바탕으로 1989년 세계에서 23번째로 '남극조약협의당사국' 지위를 확보하고 남극 운영에 직접적인 발언권을 행사할 수 있게 됐다. 1995년에는 서울에서 제19차 '남극조약협의당사국회의'를 개최하며 국제사회에서 한국의 위상을 확인하기도 했다.

© 극지연구소

노을 진 세종과학기지 전경

　　남극세종기지는 대기와 우주 관측은 물론 남극 오염, 지각 활동, 미래의 자원이라 불리는 가스하이드레이트, 해저지진, 빙하 붕괴, 생물 다양성 등에 대한 다양한 연구를 수행하고 있다. 2000년대 중반에 들어서면서 남극에 세종기지와 별도로 추가 기지 건설에 대한 필요성이 제기되기 시작했다. 남극 대륙 내에 기지가 없어 남극 연구 범위가 제한됐기 때문이다. 2007년부터 2010년까지 제2기지 건설을 위한 현지 조사단이 파견됐고 남극 로스해 연안의 테라노바 베이 해안이 최종 건설지로 결정됐다.

　　건설지 선정 이후 제2기지 대국민 명칭 공모가 시작됐고 '대한민국 남극장보고과학기지'로 최종 결정됐다. 장보고는 9세기 해양 실크로드를 개척해 국제적인 물류와 문화 교류를 가능하게 했던 인물인 만큼 그의 개척정신과 도전정신을 본받자는 의미였다. 그리고 착공 1년 9개월 만인 2014년 2월 12일 준공식을 하고 본격적인 활동에 들어갔다. 한국은 1985년 남극관측탐험단 17명이 남극의 킹조지섬을 탐험한 이후 29년 만에 남극에 2개 이상의 상설기지를 보유한 10번째 국가가 됐다.

남극 찍고 북극기지까지

한국의 도전은 남극에서 멈추지 않았다. 1969년부터 베링해 명태 조업을 위해 정부도 북극해에 관심을 두고 있었다. 북극 과학탐사에 대한 관심이 더 커진 것은 1988년 남극세종기지 건설 이후였다. 북극 진출은 우연한 기회에 본격화됐다.

1999년 중국이 쇄빙연구선 '설룡호'를 활용해 북극에 1차 탐사를 추진하고 있었다. 중국 측은 국제협력의 방안으로 러시아, 일본, 대만과 함께 한국의 과학자를 초청했다. 극지연구소 소속 연구원들은 설룡호를 타고 최초로 북극 결빙해역 주변을 탐사했다. 중국의 배에 의존했던 만큼 수동적인 연구가 이뤄졌지만 한국의 북극 진출을 위한 첫 데이터를 수집할 수 있었다.

2001년 12월과 2002년 1월 오슬로와 서울에서 번갈아 개최된 한·노르웨이 정상회담에서 양극은 북극 과학연구 협력에 합의했다. 2002년 3월 한국해양연구소는 '니알슨과학기지'를 운영하는 노르웨이 회사로부터 북극다산과학기지로 쓸 건물을 임대했다. 이후 2002년 4월 29일 정식으로 문을 연다. 북극다산과학기지는 한국 최초이자 세계 12번째 북극과학기지다.

기지 이름은 내부 공모를 통해 '다산'으로 결정됐다. 이름을 제안한 강성호 박사는 그의 저서에서 "한국에서 유명한 과학자 하면 '장영실'이 먼저 떠오르지만 외국인들이 발음하기 쉽지 않다"며 "외국인도 부르기 쉽고 기억하기 쉬운 다산을 제안했다"고 작명 배경을 설명했다. 다산 정약용은 조선 후기 실학자로 정치·법·경제·농공·지리·의학 지식을 두루 갖춘 학자였다. 정조 때 수원화성 축조 지침서를 마련한 공학자이기도 하다.

그가 만든 수원화성은 유네스코 세계유산으로 지정돼 있다. 다산기지 개소와 함께 한국은 남극에 이어 북극에도 과학기지를 건설함으로써 극지 연구를 본격화할 수 있는 발판을 마련했다. 다산과학기지는 북극해의 해빙을 비롯해 대기 관측, 우주 환경 관찰, 해양·육상 생태계 모니터링, 극지 생물자원 탐구 등 다양한 분야의 연구를 수행하고 있다.

남극과 북극에 잇달아 기지를 마련했지만 한 가지 아쉬움은 남아 있었다. 얼음으로 뒤덮인 바다를 이동할 때 수면에 있는 얼음을 분쇄해서 항로를 열어주는 '쇄빙선'이 없었던 것이다. 외국 쇄빙선을 이용하다 보니 우리가 원하는 시간과 장소에 맞춰 연구하기가 쉽지 않았다. 이에 한국의 우수한 선박제작 기술력을 이용해 남극조약협의당사국ATCP 지위에 걸맞은 쇄빙선 제작에 들어갔다. 2008년

5월 한국 최초의 쇄빙선 '아라온호'가 탄생했다. 아라온호 건조로 한국은 세계에서 7번째로 쇄빙선을 자국에서 건조한 국가가 됐다.

2030년까지 세계 6번째 남극내륙기지 구축

아라온호는 7,500톤 정도의 중형급 쇄빙연구선으로 승선 인원은 85명이며 1m 두께 얼음을 시간당 5km 속도인 3kn(노트)로 뚫고 나갈 수 있다. 51종의 연구 장비가 설치돼 있어 극지 환경변화 모니터링은 물론 대기환경, 오존층, 해양생물자원 등에 관한 다양한 연구가 가능하다. 안전 항해를 위한 항로 확보용 헬기를 운용할 수 있도록 헬기장도 갖추고 있다. 아라온호는 비교적 최근 건조된 쇄빙선인 만큼 세계 어디에 내놔도 손색없을 정도로 첨단 기능을 갖췄다는 평가를 받고 있다. 아라온호는 8~9월에는 북극, 11월부터 3월까지는 남극 연구 활동에 주로 활용되고 있다.

한국은 여기서 멈추지 않고 새로운 도전을 준비하고 있다. 2030년까지 세계 6번째로 남극 내륙기지를 구축하고 1만 5,000톤급 차세대 쇄빙 연구선을 건조해 고위도 북극해 국제 공동 연구를 주도해 나갈 계획이다. 장보고기지가 남극 대륙에 자리 잡고 있지만 해안가에 위치한 만큼 진정한 의미의 내륙기지로 보기는 힘들었다. 남극 내륙에 기지를 건설한 국가는 미국, 러시아, 일본, 프랑스·이

세종과학기지에 월동 물품을 보급하는 아라온호의 모습

탈리아(공동), 중국 등 5곳에 불과하다. 앞으로 설립할 기지는 세종
과학기지, 장보고과학기지에 이어 한국의 세 번째 남극기지가 될
것이다.

또 2,774억 원을 투입해 2026년까지 1만 5,000톤급 차세대 쇄
빙연구선 건조에도 나선다. 차세대 쇄빙연구선은 1.5m 두께 얼음
을 3kn 속도로 깰 수 있다. 1m 두께까지만 쇄빙 가능한 아라온호
의 한계를 뛰어넘어 고위도 북극해까지 진출할 수 있게 된다.

우주 강국 한국
허무맹랑한 얘기가 아니다

1992년 8월. KAIST 인공위성연구센터가 개발한 저궤도 위성 '우리별 1호'를 실은 로켓이 남아프리카 기아나의 기아나우주센터에서 발사됐다. 우리별 1호는 방송·통신 장비와 지상 관측 장비 등을 탑재한 무게 50kg의 초소형 위성이다. 1989년부터 연구개발을 시작한 지 3년 만에 우리별 1호 발사에 성공함으로써 한국은 세계에서 25번째로 자체 위성을 보유한 국가에 이름을 올렸다.

다만 '우리'라는 말을 붙이기에는 다소 민망했다. 우리 자체 기술로 만든 위성이 아니었기 때문이다. 위성기술이 전무하다 보니 당시 위성 개발 경험이 풍부했던 영국 서리대학에 KAIST 졸업생 5명을 파견해 경험을 쌓게 하는 등 외부 연구진의 지원을 받을 수밖에 없었다. "우리별 1호가 우리 기술로 만든 위성이 맞느냐"라는 지적이 나온 것은 이 때문이다. 우리별 1호가 아니라 '너네별 1호'라는 조롱도 적지 않았다.

그 후 30년이 지난 지금 우리는 달 궤도선을 독자적으로 제작할 수 있을 정도로 성장했다. 2022년 12월 28일은 우리 우주 산업 역사에 있어서 기념비적인 날이다. 우리 기술로 만든 한국의 첫 달 궤도선(위성) 다누리가 달 상공 100km 궤도 안착에 성공했기 때문이다. 지구의 6분의 1에 불과한 달의 중력에 매달린 다누리는 2023년 초부터 1년가량 달 궤도를 돌며 다양한 탐사 업무를 수행하게 된다. 지금 이 시간에도 달 궤도를 돌고 있는 다누리 위성은 궤도선 본체는 물론 탑재체 5개(1개는 미국항공우주국 개발)도 국내 연구진이 독자 개발한 것이다.

다누리 발사 성공으로 한국은 미국과 러시아, 중국, 일본, 유럽연합EU, 인도에 이어 세계에서 7번째로 달을 탐사하는 국가에 이름을 올렸다. 우리별 1호 발사를 통해 세계에서 25번째로 위성을 보유한 나라가 된 한국이 불과 30년 만에 달을 탐사하는 7번째 국가로 성장한 것은 매우 자랑스러운 일이다. '우주 강국'으로 분류되는 나라들과 어깨를 나란히 하게 됐으니 말이다. 물론 아직도 우주 강국에 비해선 기술력이 많이 부족하지만 우주강국을 뒤쫓을 수 있는 기반을 마련했다는 점에서 큰 의미가 있다.

다누리에는 미국항공우주국NASA이 개발한 '섀도캠'이 탑재돼 있다. 달 극지역 충돌구에 햇빛이 들지 않는 '영구 음영지역'을 촬영하기 위해 탑재한 것이다. 이들 음영지역은 NASA가 지난 1972년 아폴로 17호 달 착륙 이후 50여 년 만에 다시 유인 우주선을 달로

한국 최초의 달 탐사선 다누리가 찍어 보낸 지구의 모습

보내는 달 탐사 계획인 '아르테미스 프로젝트'의 성패를 좌우할 만
큼 중요한 곳이다. 유인 달 탐사선을 착륙시킬 후보지이기 때문이
다. 우리나라 달 탐사선 다누리가 아르테미스 프로젝트를 진행하
는 데 핵심적인 역할을 담당하는 셈이다.

'너네별 1호'에서 '달 탐사'까지

옛 소련이 스푸트니크 1호 위성을 발사한 게 1957년 10월이었다. 깜짝 놀란 미국은 3개월 후인 1958년 1월 익스플로러 1호 위성을 태운 발사체를 우주로 쏘아올렸다. 이들 우주 강국과 비교하면 한국의 우주개발 역사는 일천한 게 사실이다. 1960~1980년대까지 한국은 먹고 사는 게 우선이었던 만큼 우주를 바라볼 여력이 없었다. 하지만 일단 불이 붙기 시작하면 누구보다 빠르게 치고 올라가는 게 한국인 특유의 근성이다.

우리별 1호는 '너네별'이라는 조롱을 받았지만, 우리별 2호, 우리별 3호 등을 제작할 때에는 점점 국내 기술 비중을 높여나갔다. 우리별 2호, 3호를 잇달아 발사한 한국은 과학기술위성, 다목적실용위성, 차세대 중소형위성, 천리안 위성 등을 독자개발하고 운용할 수 있는 기술을 갖추게 됐다. 지금까지 20여 개의 위성을 우주로 쏘아올렸고 9개의 위성을 운영하고 있다. 기술 자립도는 90% 이상이다. 인공위성 제작과 운용에 있어서 30년 만에 강국 못지않은 기술력을 갖춰 나가고 있다는 평가가 나오고 있다.

한국이 우주개발 강국으로 거듭나기 위해 반드시 넘어야 할 산은 바로 '발사체' 분야다. 2013년 한국의 첫 발사체인 '나로호' 발사 성공으로 '스페이스 클럽(자국 내에서 자력으로 우주발사체와 인공위성을 제작하고 발사할 수 있는 나라)'에 가입했지만 대기권 돌파의 핵심으로 불리는 1단 로켓은 러시아제를 사용했다는 한계가 있었다. 한국과학기술기획평가원KISTEP의 '2020년 기술 수준 평가' 보고서에 따르면 '우주발사체 개발과 운용 기술' 부문에서 미국과의 기술 격차는 18년에 달했다.

발사체 분야는 수조 원에 달하는 예산과 함께 10년 이상 꾸준히 연구할 수 있는 환경이 필수적이다. 미국과 러시아 등은 1단 로켓 기술 이전을 극히 꺼린다. 발사체에 인공위성을 탑재하면 평화적 목적의 '로켓'이 되지만 미사일을 넣으면 '대륙간탄도미사일'이라는 대량살상 무기가 되기 때문이다.

잘 알려지지 않았지만 1990년부터 한국은 발사체 개발을 독자적으로 하기 위해 계획을 수립했다. 한국항공우주연구원을 중심으로 1990년 7월 1단형 고체로켓인 '과학로켓'과 2단형 고체로켓 '중형과학로켓'을 개발하기도 했다. 두 발사체 모두 시험 비행은 성공했는데 비행 고도가 낮았을 뿐 아니라 위성을 탑재할 수 없었다.

1997년부터는 복잡한 구조 탓에 개발이 어려운 '액체추진 과학로켓KSR-Ⅲ' 개발에도 도전했다. 액체로켓은 대형화와 제어가 용이해 우주개발을 위해서는 반드시 확보해야 하는 기술이었다. 우리 기술로 처음 개발해 발사한 KSR-Ⅲ는 231초 동안 비행하면서 고도 42.7km까지 올라갔다. 이 같은 기초기술을 토대로 2005년 소형 위성을 쏘려던 한국 정부의 계획은 2002년 러시아와 기술 협약을 체결하며 전환점을 맞이하게 된다. 나로호 프로젝트의 시작이었다.

러시아와의 협력을 기반으로 발사체 핵심 기술을 보다 빨리 배우고 이를 이용해 독자적인 우주 기술력을 확보하는 게 우리 정부의 목표였다. 다만 1단 발사체 제작은 러시아에 맡기고 한국은 2단 발사체 제작을 맡았다. 러시아는 기술 보호 명목으로 1단 발사체에 대한 접근을 허용하지 않았다. 2013년 나로호 발사에 성공했을 때 "반쪽짜리 성공"이라는 지적이 나왔던 이유다.

발사체 선진국으로 한 발짝

하지만 한국 연구진의 의지는 남달랐다. 어려운 상황 속에서도 나로호 발사를 위한 협력 과정에서 많은 기술을 습득했다. 발사체는 1단과 2단이 나뉘어 있지만 성공적인 발사를 위해서는 종합적인 체계 시스템을 확보해야만 한다. 러시아 연구진과의 협업이 필요했고, 이 과정에서 발사체와 관련된 다양한 지식을 얻을 수 있었다. 국내 과학자들이 러시아 과학자들에게 보드카를 선물하고 함께 술을 마시며 발사체 설계와 관련된 다양한 지식을 배울 수 있었다는 전언이다.

일반적으로 발사체는 '극한기술'로 분류된다. 발사체의 원리를 비롯해 만드는 방법은 이미 알려졌지만 이를 실제로 구현하는 것은 또 다른 문제다. 발사체의 연료가 제대로 연소되지 않는 '연소 불안정' 현상은 1930년대부터 발견됐지만 아직도 정확한 원인을 모르고 있다. 그러니 발사체 기술을 확보하려면 오랜 투자와 경험이 절대적이다. 한국 연구진은 러시아와의 협업 속에서 기술을 축적해 나갔다.

나로호 발사 성공 후 8년 만인 2021년 10월 21일 오후 5시, 나로호가 발사됐던 전남 고흥 외나로도에서 또 하나의 발사체가 우주로 향했다. 한국이 독자 개발한 3단 발사체 누리호였다. 위성을 정확히 궤도에 내려놓는 데는 실패했지만 완전 실패로 보기도 힘들었다. 가장 어렵다고 알려진 1단 발사체, 그리고 2단 발사체까지 정상적으로 작동하는 것을 확인한 만큼 '뉴스페이스'라 불리는 우주개발 시대에 희망을 쐈다는 평가가 지배적이었다.

외신들 역시 "첫 발사 시험에서 한 걸음 부족했지만 자력 위성 발사국이 되는 것은 기정사실"이라고 평가했다. 인류의 로켓 역사 100여 년 동안 첫 발사가 실패할 확률은 73%. 이 실패 확률의 대부분은 1단 또는 2단 로켓이 폭발하거나 궤도를 이탈할 때 발생했다. 3단 로켓 누리호는 1단과 2단 모두 정상 작동했다.

2022년 6월 21일 두 번째 발사에서는 누리호를 성공적으로 우주로 쏘아올렸다. 한국이 우주 발사체 개발과 우주 수송은 물론 우주에 내려놓은 위성의 운용 능력까지 확보했음을 확인한 순간이었다. 우주 연구개발 역사 30년 만에 한국은 세계에서 7번째로 발사체를 자체 개발하고, 자력으로 쏘아올릴 수 있는 국가로 자리매김하게 됐다.

누리호 3차 발사 성공의 의미

이어 2023년 5월 25일에는 누리호 3차 발사에 성공했다. 3차 발사는 1·2차 발사와 달리 실제 위성을 탑재해 발사했다. 1·2차 발사가 위성 모사체를 탑재한 '연습'의 의미가 컸다면 3차 발사는 실제 위성을 탑재해 한국이 위성을 쏘아올릴 수 있는 나라라는 사실을 전 세계에 확인시켜주는 행사였다.

누리호 3차 발사 성공이 갖는 의미는 상당히 크다. 지금까지 한국은 위성을 쏘기 위해 다른 나라가 만든 발사체에 의존해야만 했다. 발사국 사정에 따라 발사 시점을 조정해야 했고 한 번 발사할 때마다 수천억 원의 비용을 외국에 송금해야만 했다. 원하는 만큼 위성을 쏘아올릴 수 없는 만큼 민간 중심의 우주 산업이라 불리는 '뉴스페이스' 참여도 제한적이었다.

이런 상황에서 한국이 개발한 위성을 한국이 만든 발사체에 실어 우주로 보낼 수 있게 됐다. 위성을 보유하고 싶어도 발사체가 없어 해외 발사체에 의존해야만 하는 세계 많은 국가들에게 한국이라는 선택지를 제공하게 된 것이다. 누리호는 앞으로도 꾸준히 발사될 예정인데, 향후 신뢰를 쌓아가면서 위성발사 상업 서비스도 제공할 계획이다.

기술적인 부분에서 누리호의 큰 특징 중 하나는 바로 '액체연료'다. 로켓은 활용 목적에 따라 고체연료 또는 액체연료를 사용한다. 1.5톤급 실용위성을 지구궤도에 올리는 '평화적인 목적', 즉 인공위성을 우주에 내려놓기 위한 로켓은 일반적으로 액체연료를 활용한다. 액체연료는 필요할 때 분사할 수 있는 만큼 정교한 제어가 가능하기 때문이다. 다만 액체연료를 다루려면 부품 냉각을 비롯해 가스 압력, 분출 등을 조절하는 기술력이 중요하다. 액체연료 엔진은 고체연료 엔진과 비교했을 때 '비추력(연비)'이 높다. 따라서 적은 연료로 더 많은 물건을 우주로 보낼 수도 있다.

K민간 발사체 기업의 등장

2023년 3월 20일 한국의 우주개발 기술력이 한 단계 진화하는 이벤트가 있었다. 우주발사체 스타트업인 이노스페이스가 국내 민간 발사체 기업으로는 처음으로 발사체 시험 발사에 성공한 것이다. 이노스페이스가 독자 개발한 시험발사체 '한빛 TLV'가 브라질 현지 시각으로 3월 19일 오후 2시 52분 브라질 공군의 알칸타라 우주센터에서 발사됐다.

발사는 성공이었다. 한빛 TLV는 2023년에 시험 발사할 예정인 2단 발사체 '한빛 나노'에 들어갈 엔진의 비행 성능을 검증하기 위한 1단 하이브리드 로켓이다. 이노스페이스는 '한빛 나노'로 상업 서비스를 시작한 후 2023년에는 탑재중량 150kg, 2026년에는 탑재중량 500kg대 발사체로 상업 서비스를 시작할 예정이다.

우주는 한국이 놓칠 수 없는 미래성장 동력이다. 세계는 황금알을 낳는 거위인 우주 산업 육성을 위해 전력 질주 중이다. 우주컨설팅 기업 유로컨설트에 따르면 2021년 세계 우주 산업 시장 규모가 3,700억 달러(약 400조 원)였다. 225조 원인 메모리 반도체를 넘어 550조 원대 비메모리 반도체 시장 규모에 육박한다. 2030년 예상 시장 규모는 6,420억 달러(약 850조 원)로 지금보다 두 배 이상 급성장할 전망이다.

특히 발사체는 물체와 사람을 우주로 실어 보내는 유일한 운송 수단인 만큼 우주 산업 내에서도 가장 핵심 사업으로 꼽힌다. 국제 시장조사기관 '포천 비즈니스 인사이트'에 따르면 전 세계 우주 발사 서비스 시장 규모는 2022년 142억 달러(약 18.6조 원)로 1년 전 126억 달러(약 16.6조 원)에 비해 12.6% 성장했다. 2029년에는 319억 달러(42조 원)까지 시장이 커질 것이라는 전망이다. 발사체 시장을 주도하고 있는 스페이스X의 기업가치가 최대 1,500억 달러(약 197조 원)에 달한다는 분석도 있다. 이는 대표적인 우주항공 회사인 록히드마틴 시가총액 1,189억 달러(약 156조 원)를 뛰어넘는 규모다.

누리호 발사 성공과 이노스페이스와 같은 민간 발사체 기업의 출현으로 한국도 뉴스페이스 시대를 대비할 수 있는 기반을 마련했다. 물론 아직 스페이스X처럼 3톤 이상의 대형 위성이나 우주선을 우주로 실어 보낼 수 있는 기술은 확보하지 못했다. 비용을 낮추기 위한 재활용 발사체 개발도 시작해야 한다. 6대 우주 강국(미국, 중국, 러시아, 일본, 인도, 유럽연합)과 비교하면 기술력 차이도 상당하다. 하지만 수요가 많은 중·소형 위성 제작이 가능한 만큼 어느 정도 우주 산업에 참여할 수 있는 출발선에 섰다고 볼 수 있다.

누리호 개발에는 한화에어로스페이스, 한화시스템스, 한국항공우주산업KAI 등 국내 300여 개 기업이 참여했다. 누리호의 심장인 75톤급 액체엔진은 한화에어로스페이스, 터보펌프는 에스엔에이치, 탱크는 이노컴, 전체 체계 완성은 KAI, 발사대 개발은 현대중공업이 담당하는 등 민간 기업들의 참여가 크게 확대됐다. 정부에 의존하던 우주개발이 조금씩 민간으로 확산되고 있는 셈이다.

2020년 한·미 양국이 미사일 지침 개정을 통해 2021년 미사일 지침 종료에 합의한 점도 발사체 개발 범위를 확대할 수 있는 계기가 됐다. 미사일 지침 종료로 한국이 개발하는 우주발사체 사거리, 탑재체 중량, 연료 제한이 모두 해제됐기 때문이다. 특히 연료 제한이 풀리면서 민간이 액체연료 발사체에 비해 기술 난이도나 제작비용 측면에서 진입장벽이 낮은 고체 발사체 시장에 활발히 진출할 수 있는 토대도 마련됐다.

정부는 우주개발을 장기적이고 지속적으로 추진하기 위해 한국형 NASA로 불리는 '우주항공청' 설립도 추진 중이다. 우주항공청은 민간 중심의 우주항공 산업 활성화를 이끌어, 우주개발이 애국심 고취와 기술 과시 수준에 머무르지 않고, 산업 활성화와 경제 발전의 동력이 될 수 있도록 적극적인 역할을 펼치게 된다.

"나는 우주에 대한 열정을 1969년부터 갖고 있었다. 버진

© 한국항공우주연구원

한국이 독자적으로 개발한 누리호가 발사 전 기립하고 있는 모습

갤럭틱은 세계 최초의 상업 우주 여행사가 될 것이다."

2010년 11회 세계지식포럼에 참석한 리처드 브랜슨 버진그룹 회장과 만나 이야기를 나눈 적이 있다. 혁신의 아이콘으로 불린 그는 기업가정신을 이야기하며 '우주'에 도전하겠다는 의지를 강하게 내비쳤다. 그의 호언장담처럼 2021년 버진갤럭틱은 민간 우주 기업 최초로 우주여행에 성공했다.

우주개발과 우주여행은 공상과학 속 일이라고만 생각했다. 돈이 많이 들 뿐 아니라 아직 기술이 성숙하지 않았고 인류가 얻을 수 있는 것이 적다는 생각 때문이었다. 그의 의지를 의심하지 않았지만 무모하다는 생각을 하고 있던 게 사실이었다. 하지만 상황이 바뀌었다. 빠른 기술개발과 함께 민간 우주 기업의 탄생으로 우주는 '돈'이 되는 시장으로 변모하고 있다.

K원전,
K핵융합의 힘

세계가 다시 한국의 원전 기술에 주목하고 있다. 후쿠시마 원전 폭발로 탈원전이 유행처럼 번지면서 태양광 풍력 등 친환경에너지에 대한 관심이 높아졌지만 상황이 반전됐다. 탈원전을 외치던 많은 나라들이 우크라이나 전쟁 이후 에너지 안보 필요성을 뼈저리게 체감하게 됐다. 또 여러 나라들이 탄소중립 목표를 달성하려면 탄소배출 없이 전력을 안정적으로 생산할 수 있는 원전이 반드시 필요하다는 데 공감대를 형성해가고 있다.

대형 원전 시장에서 세계 최고의 원전 기술력과 경제성을 확보한 한국은 중소형 원전 시장을 선도하기 위해 일찌감치 선제적인 투자를 했다. 2012년 '스마트 원자로'는 세계 최초로 일체형 원자로에 대한 인허가를 획득해 관련 분야에서 세계 최고 기술력을 과시했다.

> "(미국 정부가) 비용 분담을 통해 (민간 기업의) 소형모듈원전(SMR) 개발을 지원하지 않으면 한국의 스마트 원자로를 비롯한 외국 SMR들이 미국 전력회사들에게 원자로를 판매함으로써 일자리와 이익을 가져갈 것이다."
>
> _미국 B&W 크리스토퍼 모우리(Christoper M. Mowry) 사장의
> 미국 상원 지출승인위원회 서면증언 중, 2011. 7. 14.

> "한국은 원자력 기술 선도국이 되기 위해 노력하고 있으며 특히 스마트 원자로는 SMR프로젝트 가운데 가장 앞서 있다."
>
> _미국 상원 라마 알렉산더 의원의 SMR콘퍼런스 기조연설 중, 2012. 5. 22.

미국 상원 의원들은 10여 년 전부터 한국의 소형 원자로 기술을 자국 산업을 위협하는 요인으로 파악하고 미국 정부에 자국 기업 지원 필요성을 역설해왔다. 차세대 원전으로 주목받고 있는 소형 원전 시장에서 미국 정치인들이 경계해야 할 만큼 한국이 10여 년 전부터 두각을 나타내왔음을 잘 보여주는 사례다.

독일과 함께 탈원전을 적극 추진하던 프랑스의 마크롱 대통령은 탈원전 공약을 아예 철회했다. 대신 2050년까지 14기의 신규 원전을 건설하고 기존 원자로 폐쇄 일정을 중단하는 내용을 담은

'원전 르네상스 계획'을 발표했다. 2050년까지 탄소 배출량을 0으로 줄이면서 전기를 안정적으로 공급하기 위해 찾아낸 현실적인 방안이다.

일본 역시 2011년 후쿠시마 원전 사고 이후 원전을 새로 짓거나 증설하지 않는다는 입장을 유지해왔지만 최근 차세대 원전 신설로 정책이 바뀌고 있다. 영국도 원자력 발전이 전체 전력원에서 차지하는 비율을 현재 16%에서 2050년까지 25%로 끌어올리겠다고 발표했다. 이를 위해 2030년까지 최대 8기의 신규 원전을 건설할 예정이다. 미국 역시 원전의 계속 운전 지원에 60억 달러를 배정했고 최근 새롭게 뜨고 있는 뉴스케일사의 소형모듈원전 개발에

13억 6,000만 달러를 지원할 계획이다.

한국은 2022년 윤석열 정부 출범 후 전 정부의 탈원전 정책을 폐기하고 '원전 산업 재도약'에 방점을 찍었다. 원전 산업 생태계를 복원시키고 원전 발전 비중을 2030년까지 30% 이상으로 확대할 방침이다. 확대되는 원전 수요에 대응하면서 원전 수출에도 적극적으로 나서고 있다.

전쟁 폐허 속 원전 1세대 해외파견

한국의 원전 개발 역사는 1950년대로 거슬러 올라간다. 6·25 전쟁의 폐허 속에서도 한국 정부는 원자력 기술 습득을 위해 237명의 원자력 1세대를 미국과 유럽으로 파견했다. 이들에게 들어간 돈만 1인당 6,000달러에 달했다. 당시 1인당 국민소득이 60달러에 불과했던 최빈국 한국으로서는 대단한 투자를 한 셈이다. 기름 한 방울 나지 않는 자원 빈국인 한국이 잘 살기 위해서는 무엇보다 전력을 자급자족해야 한다고 판단했기 때문이다.

6·25 발발 이전에 한국의 전력을 책임지던 수력발전소 대부분은 북한 지역에 자리 잡고 있었다. 한국 전력시설 용량은 172만kW(킬로와트)였는데 남한 지역에서는 11.5%인 19만 8,740kW의 전력 생산만 가능했다. 나라가 성장하기 위해서는 전기가 필요했고, 전기를 필요할 때마다 해외에서 사 와야 한다면 발전이 더딜 수밖에

없었다. 그렇게 한국의 원자력 역사가 시작됐다. 1956년 3월 정부는 문교부(현 과학기술정보통신부) 내에 '원자력과'를 신설하고 원자력 장학생을 선발해 미국 등으로 파견 보냈다. 임무는 간단했다. 원자력 기술 자립을 위한 공부를 해오라는 것이었다.

1958년 연구용 원자로를 짓기 위해 미국의 군사·원자력 기업 'GAGeneral Atomic'와 계약을 체결했다. 1959년 전쟁의 잿더미 위에서 연구로 '트리가 마크-2' 기공식이 열렸고 1962년 3월 본격 가동을 시작했다. 트리가 마크-2는 1995년까지 가동되며 국내 기술진이 원자력과 관련된 지식을 얻는 데 일등 공신 역할을 했다. 한국은 원전 건설을 위해 1956년 원자력발전위원회를 설립하고 1963년부터 국제원자력기구IAEA의 도움을 받아 국내 원전 건설 후보 지역 조사에 나섰다. 1969년에 경상남도 고리를 첫 원전 부지로 확정했고 웨스팅하우스와 건설계약을 체결했다.

1971년 고리 1호기 기공식이 진행됐고 1978년 완공했다. 고리 1호기는 다른 여러 분야와 마찬가지로 외국 기술이 기반이 됐다. 건설에 투입된 돈은 1,560억 원이었다. 고리 1호기 완공을 신호탄으로 한국은 원자력 인재 양성에 적극적으로 나서기 시작했다. 1980년대 들어서면서 30MW(메가와트)급 원자로인 '하나로'를 독자설계하는 데 성공했다. 원전 기술 자립화에 성큼 다가선 것이다. 1998년과 1999년에는 첫 한국표준형 원전인 '한울 3·4호'가 잇달아 준공됐다.

세계 4번째 원전 수출국

원전 설계 기술과 기자재 국산화, 원전 건설과 운전 경험, 연구개발R&D에 대한 투자와 인력 육성에 대한 자신감을 기반으로 한국 원자력 산업은 해외시장 진출에 나섰다. 마침내 2009년 12월 아랍에미리트UAE에 한국형 원전인 APR1400을 수출하는 데 성공했다. 이를 통해 한국은 미국과 프랑스, 러시아에 이어 세계 4번째 원전 수출국이라는 위상을 갖게 됐다.

해외에서 한국 원자력 기술에 대한 평가는 대단하다. 2018년 〈블룸버그〉가 한국과 미국, 프랑스, 러시아, 영국 등 5개 나라의 원전 경쟁력을 비교한 적이 있다. 당시 1kW당 건설비용이 한국의 경우 3,717달러로 가장 저렴했다. 중국은 4,364달러, 러시아는 5,271달러에서 6,250달러, 프랑스는 7,809달러였고 미국은 우리보다 4배 가까이 비싼 1만 1,638달러에 달했다. 한국이 원전 1기를 짓는 데 필요한 돈은 5조 6,000억 원이다. 러시아(7조 8,000억 원), 프랑스(10조 원)와 비교하면 비용에서 압도적인 경쟁력 우위를 지닌 셈이다.

가격경쟁력은 물론 기술력도 탁월했다. 한국형 원전인 APR1400은 원전 강국인 프랑스와 일본도 받지 못한 미국 '원자력규제위원회NRC'의 설계 인증을 받았다. 미국에 한국형 원전을 건설해도 좋다는 라이선스를 받은 것이다. 미국이 자국 기업 외에 NRC 인증을 준 것은 한국이 유일하다. 또 APR1400의 유럽 수출형 원전

'EU-APR' 표준설계도 유럽 사업자요건$_{EUR}$ 인증을 받았다. 유럽에 K원전을 건설해도 된다는 허가증이다.

2023년 1월 무함마드 빈 자이드 알 나하얀 UAE 대통령은 UAE를 국빈방문한 윤석열 대통령을 만나 "어떤 상황에서도 약속을 지키는 대한민국에 대한 신뢰로 300억 달러 투자를 결심했다. 코로나19 등 예상치 못한 어려움에도 계약을 이행해내고 마는 한국 기업에 깊은 인상을 받았다"고 말했다. 상업운전을 시작한 바라카 원전 1·2호는 아부다비 전력의 60%를 담당하고 있다. UAE 전체 전력에서 두 원전이 차지하는 비중은 15%에 달한다. 계약부터 상업 운영 개시까지 기한을 늦추거나 하는 문제가 거의 없었다고 한다. 이는 원전 수출국 중에서도 유례없는 일로 꼽힌다.

현재 세계에서 원전 건설 능력을 갖추고 있는 나라는 한국을 포함해 미국, 프랑스, 영국, 중국, 러시아, 일본 등에 불과하다. 하지만 미국과 프랑스, 영국은 오랜 기간 자국 내에서 원전을 건설하지 않은 만큼 원전 생태계가 붕괴했다는 평가가 나온다. 이들이 주춤하는 사이 한국은 두산에너빌리티를 필두로 원전생태계 밸류체인을 탄탄히 만들어나갔다. 우리도 한때 탈원전 정책으로 원전 생태계가 잠시 흔들리긴 했지만 탄소중립목표 달성을 위한 원전 필요성, 윤석열 정부의 원전에 대한 강력한 의지로 원전 산업이 제2의 도약을 준비 중이다.

한국은 새롭게 떠오르고 있는 중소형 원전 시장에서도 두각을 나타낼 것으로 기대된다. 이미 2012년 세계 최초로 일체형 원자로

인 스마트 원전에 대한 표준설계인가를 획득함으로써 다른 국가보다 한발 앞설 수 있는 기반을 마련했다. 스마트 원전은 발전 용량이 대형 원전의 10분의 1 규모로 작고 건설비용도 1조 원 정도로 저렴하다. 바닷물을 민물로 바꾸는 담수화 기능도 갖춰 사막 지역에 전력을 공급할 수 있는 탁월한 전력원으로 꼽힌다.

핵융합, 한국이 세계신기록

아직 상용화까지는 시간이 필요하지만 2050년대 전력 생산의 한 축을 담당할 것으로 기대되고 있는 '핵융합' 분야에서도 한국의 기술력은 독보적이다.

원자력 발전이 '핵분열'을 이용한다면 핵융합 발전은 수소 원자들의 충돌로 헬륨이 만들어지는 반응인 '핵융합'을 이용한다. 태양이 열에너지를 스스로 생산하는 원리인 핵융합 반응을 지구에서 구현하기 때문에 핵융합 발전은 '인공 태양'이라고도 불린다. 수소를 이용하고, 원자력 발전 대비 적은 연료로 월등히 많은 에너지를 생산할 수 있는 만큼 핵융합 발전에 거는 기대는 상당히 크다. 하지만 기술 구현이 어려워 한국을 포함 미국과 러시아, 일본, 중국, 인도 등 6개 나라와 유럽연합이 돈을 갹출해 프랑스에 실험용 핵융합로인 '국제핵융합실험로ITER'를 건설하고 핵융합 상업화 프로젝트를 진행 중이다.

한국형 초전도핵융합연구장치 KSTAR의 내부 모습

지구에서 태양과 유사한 환경을 만들기 위해서는 1억 ℃(섭씨온도)에 달하는 극한 환경을 만들어야 한다. 연료인 중수소와 삼중수소를 도넛 형태 원자로 안에 넣고 1억 ℃ 이상 초고온으로 가열, 플라즈마 상태를 만들면 핵융합 반응을 이끌어낼 수 있다. 문제는 1억 ℃에 달하는 플라즈마가 마치 '야생말'처럼 날뛰는 만큼 이를 안정적으로 유지하는 기술이 난관이다. 바로 이 분야에서 한국 연구진이 독보적인 기술력을 확보해 나가고 있다.

한국은 2018년 이후 매년 초고온 플라즈마 유지 시간 세계신기록을 경신했다. 한국은 인공태양 역할을 하는 초전도 핵융합연구장치 케이스타KSTAR에서 2021년 플라즈마를 안정적으로 30초간 유지했고, 2026년에는 그 기록을 300초까지 늘릴 계획이다. 300초 동안 초고온 플라즈마를 안정적으로 운영할 수 있게 되면 핵융합 발전 상용화를 위한 기반이 마련될 것으로 학계는 기대하고 있다. 핵융합 발전이 불가능할 것이라는 일각의 시선을 한국 연구진이 앞장서서 무너뜨리고 있다.

애타게 기다리는
노벨상

"저 못 받습니다. 가셔도 됩니다."

한국의 한 과학자가 노벨 과학상 후보로 유력하게 거론되던 때가 있었다. 노벨 과학상 발표를 앞두고 기자들이 그 과학자를 찾아갔다. 연구실은 물론 그 과학자 집 앞에 방송사 차량까지 대기시켜 놓고 혹시라도 노벨상을 받을 경우를 대비해 방송 준비를 하고 있었다. 그 과학자가 기자들에게 말했다. "저 정말 못 받아요. 노벨상을 제게 주지 않아요." 노벨 과학상 발표가 난 뒤 기자들은 쓸쓸히 그 자리를 떠났다. 과학자도, 기자도, 그리고 이를 기다리던 국민들도 힘이 빠졌다.

한국에서는 "노벨 생리의학상과 물리학상, 화학상 등 노벨 과학상 수상자 발표가 있는 10월이 될 때마다 과학자들이 죄인이 된다"는 말도 나돌았다. 국정감사 때 한 국회의원이 과학기술정보통신부 장관을 불러 "우리는 왜 노벨 과학상을 받지 못하느냐", "1년에 연구개발R&D에 얼마를 투자하는데 아직도 받지 못하느냐"라며 추궁하는 웃지 못할 일도 있었다.

이웃 나라 일본은 이미 일본 국적이거나 일본 출신인 노벨 과학상 수상자를 25명이나 배출했고 중국에서도 2015년 중국 국적 과학자가 노벨 생리의학상을 받았다. 한국, 일본, 중국 등 동북아시아 3개국 중 한국만 노벨 과학상을 받지 못했다. 자존심이 상할 만하다. 과학기술에 대한 과감한 투자로 '한강의 기적'을 일궈냈고 삼성전자와 현대자동차 같은 글로벌 기업을 보유하고 있는 한국인데 말이다.

노벨상에 대한 집념이 강하다 보니 학술정보기업 클래리베이트가 노벨 과학상 시상 시즌에 발표하는 '분야별 예상 수상자'에 2014년 처음 한국인 과학자가 이름을 올리자 한반도는 열광했다. "클래리베이트가 선정한 인물 중 14%가 노벨 과학상을 수상했다"는 분석과 함께 "우리도?"라는 기대가 부풀어 올랐지만 수상에는 실패했다. 그 후에도 거의 매년 클래리베이트 자료에 한국인 과학자들이 이름을 올렸지만 아직 수상자는 없다. 물론 이들의 연구는 세계 최고 수준이었다. 하지만 노벨 과학상은 세계 최초의 발견이 이뤄졌거나 연구 성과가 인류에 큰 영향을 미친 경우 주어진다. 세계 최고 수준의 연구를 했다고 모두 노벨상을 받을 수 있는 것은 아니다.

매년 노벨 과학상 수상이 불발되는 실망스러운 상황이 반복되자 이제는 노벨 과학상 발표를 앞두고 과학자의 집 앞에서 기자들이 진을 치고 방송을 준비하는 일은 사라졌다. 언론도, 국민들도 클래리베이트 자료에 일희일비하지 않게 됐다.

한국은 응용·상용화 기술에 초점을 맞추는 '빠른 추격자' 전략으로 경제성장을 이룩해왔다. 노벨 과학상은 순수 기초과학 연구를 대상으로 한다. 기초과학이란 자연과 생명의 정체를 밝혀내고 자연현상을 지배하는 법칙을 규명하는 것을 말한다. 실용성과 경제적 가치를 강조하는 '응용과학'과 대비된다. 당장 먹고살기 힘들었던 한국 입장에서 기초과학에는 과감하게 투자하기 어려웠다. 기초과학을 '선진국 과학'이라고 부르는 이유이기도 하다.

가발 만들던 한국이 암흑물질 연구

한국은 기초과학이 부족하다는 지적을 받아들여 2012년에는 '기초과학연구원IBS'을 설립하고 기초과학 연구의 닻을 올렸다. IBS는 파격적인 대우로 과학기술계를 놀라게 했다. 연구자들이 연구에만 집중할 수 있도록 연구비를 100% 지원하고 행정과 지원 인력을 확대했다. 연구단을 이끄는 연구단장에게는 연구 자율성과 함께 연구단 구성과 운영 전권을 부여했다. 과학자들 입장에서는 지원하되 간섭하지 않는다는 '꿈의 제도'가 마련된 셈이다.

연구비도 연구단별로 차이는 있지만 최대 100억 원까지 사용할

수 있었다. 성과는 세계적 석학들 간의 동료평가를 중심으로 '양'
보다는 '질' 평가에 초점을 맞췄다. 독일의 막스플랑크연구소, 일
본의 이화학연구소 등 세계적인 기초과학연구소와 비교해도 부러
울 것 없는 조건이었다. 한국의 기초과학 수준이 선진국과 비교해
뒤처져 있던 만큼 파격적인 지원이 이뤄졌다.

　IBS는 암흑물질을 비롯해 식물의 노화, 뇌, 기후변화와 같은 순
수 기초과학은 물론 RNA, 탄소나노튜브, 레이저 등 새로운 자연
현상을 찾는 연구도 시작했다. 세계적 학술지 〈네이처〉와 〈사이언
스〉 등은 IBS 개원을 특집 기사로 다루며 기초과학 변방이었던 한
국의 투자에 주목했다.

　〈네이처〉가 유력 학술지에 발표되는 논문을 바탕으로 기초과학
수준을 평가하는 '네이처 인덱스'는 2016년 IBS를 '기초과학계 라
이징 스타'로 선정했다. 네이처 인덱스는 100개 라이징 스타 중 국
가 성장을 견인했거나 세계 순위가 대폭 상승한 기관 25곳을 주목
할 만한 대상으로 지목했는데 그중 IBS를 대표사례로 꼽았다. 네
이처 인덱스는 "한국이 기초과학 육성을 위해 일본 이화학연구소,
독일 막스플랑크연구소와 유사한 IBS를 설립했는데, 신생 연구기
관인 IBS가 4년 만에 평점을 4,000% 이상 끌어올리며 성장했다"
고 평가했다.

　클래리베이트에 따르면 출범 5년째인 2016년을 기준으로 IBS
의 피인용 상위 1% 논문HCP 비율은 5.29%로 막스플랑크연구소
(2.77%)와 이화학연구소(2.18%)보다도 높았다. 그만큼 질적으로

우수한 연구가 많이 진행됐다는 얘기다.

2020년 5월 〈네이처〉는 한국의 '방향전환'을 다룬 특집호를 통해 한국의 기초과학이 빠르게 성장하고 있다고 진단했다. 〈네이처〉가 한국 과학기술 특집호를 발간한 건 1993년 특집 이후 27년 만이다. 특집호는 기초연구와 독창적인 연구개발에 투자해 '선도자first mover'가 되려는 한국의 연구전략을 소개했다.

〈네이처〉는 IBS에 대한 리뷰를 통해 "한국에서 기초연구와 관련된 가장 큰 공공 투자의 결과물이 IBS"라며 "독일의 막스플랑크연구소와 일본의 이화학연구소와 견줄 수 있다"고 분석했다. 또 최근 3년간 외국에서 한국 내 연구기관으로 소속을 옮긴 연구자 비율이 세계 평균보다 높았는데 이는 과학적 고립주의를 극복하려는 한국의 노력이 결실을 보고 있는 신호라고 해석했다.

다윈의 진화론을 수정한 과학자 우장춘

"저는 지금까지는 어머니의 나라인 일본을 위해, 일본인에게 뒤떨어지지 않을 정도로 노력해 왔습니다. 그러나 지금부터는 아버지의 나라인 한국을 위해서 최선을 다하겠습니다. 저는 이 나라에 뼈를 묻을 것을 약속합니다."

'씨 없는 수박'을 개발했다고 알려진 우장춘 박사는 1898년 한국인 아버지와 일본인 어머니 사이에서 태어났다. 일본에서 출생한 그는 아버지가 한국인이라는 이유로 자라면서 많은 차별을 받았다고 한다. 가난한 환경 속에서도 열심히 공부한 그는 1916년 동경제국대학에 입학해 1919년 졸업했다. 이어 일본 농림성 농업시험장에 취업해 1937년까지 육종학을 연구했다. 이때 20여 편이 넘는 논문을 썼다.

우장춘 박사는 1935년 발표한 이종교배 논문으로 일본뿐 아니라 전 세계 과학기술계에 이름을 떨치게 된다. 그는 배추밭, 무밭에서 유채꽃이 자라는 것을 본 뒤 '종의 합성'이라는 이론을 제시했고, 이를 실험으로 증명했다.

우장춘 박사의 업적을 이해하려면 당대 과학기술계의 분위기를 이해할 필요가 있다. 다윈의 '진화론'에 따르면 생물은 같은 종끼리 교배가 가능하며, 종은 자연선택설에 따라 진화를 거듭해왔다. 서로 다른 종끼리의 교배는 진화적 거리가 멀수록 교배가 일어나기 어렵다는 '종간 장벽', '교배 장벽' 효과 때문에 자연적으로는 거의 일어나지 않는다는 게 정설이었다. 일어난다 하더라도 불임이나 유전적 문제 탓에 번식으로 이어지기 어렵다고 봤다. 사자와 호랑이가 교배하면 만들어지는 라이거, 타이온 등이 번식 능력을 갖지 못하는 이유다. 이것이 당대의 일반적인 과학 지식이었다.

하지만 우장춘 박사는 무와 배추를 심은 밭에서 유채가 자라는 것을 본 뒤 "종이 다르더라도 '속'이 같으면 교배가 가능하다"고 생각했다. 새롭게 생겨난 종 역시 생식 과정을 거쳐 번식해나갈 수 있다고 여겼다. 그리고 이를 이용하면 서로 다른 식물을 교배해 인간이 원하는, 새로운 식물 종을 만들어낼 수 있다고 믿었다. 우장춘 박사는 자신의 이론을 실험으로 입증했다. 당대 상식으로 통하던 지식을 뒤엎은 셈이다. 지금은 당연한 이야기처럼 들리지만 그 당시에는 '센세이셔널'한 연구였다. 그의 이론에 따라 교과서는 바뀌었고, 지금 우리가 먹고 있는 수많은 과일, 채소가 그의 이론에 따라 만들어졌다. 그가 이룩한 성과에 대해 학계가 '현대 육종의 시작', '노벨상급 업적'이라고 평가하는 건 이 때문이다.

우장춘 박사가 씨 없는 수박을 만들었다고 알려졌지만 실제 이를 만든 과학자는 일본의 기하라 히토시 박사다. 1950년 한국에 온 우장춘 박사는 육종의 중요성을 국민들에게 알리고 싶었고 이 과정에서 씨 없는 수박을 소개했다. 이것이 마치 우장춘 박사가 씨 없는 수박을 개발한 것으로 잘못 전달됐다. 물론 씨 없는 수박을 만들 수 있는 이론을 제공한 것은 우장춘 박사다. 그가 쓴 종의 합성 이론이 씨 없는 수박 개발의 토대가 됐기 때문이다.

우장춘 박사의 위상은 실로 대단했는데, 광복 이후 한국 정부는 그를 한국으로 데려오기 위해 '우장춘 귀국추진위원회'를 결성해 캠페인을 열었을 정도다. 그가 한국으로 온다면 바로 일을 할 수 있도록 1949년에는 농업과학연구소를 만들기도 했다. 우장춘 박사는 1950년 3월 8일 한국에 도착해 "한국을 위해 살겠다"는 유명한 말을 남겼고 1959년 생을 마감하기까지 한국에서 육종 연구에 매진했다. 우장춘 박사는 제주도의 농업관계자와 농민들에게 감귤재배를 권장했다. 또 강원도 감자 품종 개량과 맛 좋고 병에 강한 배추와 무 품종 개발에도 큰 성과를 남겼다.

5부

불가능을 가능으로 만든 K기업

사물인터넷은 30년 전에도 있었다. 핸드폰과 같은 개인 이동통신이 대중화되기 전인 1990년대에는 무선호출기인 일명 '삐삐'가 통신수단으로 세계적인 인기를 끌었다. 지금 젊은 세대에게는 과거의 퇴물이지만 40대 이상 세대에게 삐삐는 요즘의 스마트폰처럼 핫한 아이템이었다.

삐삐에 누군가 번호를 남기면, 삐삐 소유자가 공중전화로 이동해 그 번호로 전화를 걸어 "삐삐친 분이요"라고 말하면 상대를 바꿔줬다. 음성 메시지를 남길 수 있는 기능도 있었다. 삐삐를 소유한 사람의 번호를 누른 뒤 음성메시지 녹음을 하면 '삐' 소리와 함께 약 1분가량 녹음을 할 수 있었다. 녹음이 끝나면 삐삐가 울리고, 삐삐 소유자는 이를 전화로 확인할 수 있었다.

삐삐가 한창 인기를 끌던 1994년 삼성물산은 세계 최초 원격제어 삐삐인 'X-bing'을 출시했다. 이 무선호출기 기능은 간단하다. 전기밥솥을 비롯해 집에 있는 가전제품에 보조 장치를 연결해둔 뒤 사용자가 외부에서 전화로 호출번호, 비밀번호를 누르면 가전제품이 작동되도록 했다. 회사에서 퇴근하기 전에 집에 전화를 걸어 전기밥솥을 작동할 수 있었던 셈이다. 이뿐만이 아니라 자동차 시동을 비롯해 전등, 난방, 에어컨 등도 작동할 수 있었다. 지금은 사물인터넷이라는 기술과 스마트폰을 이용해 보편화된 일이지만 1990년대 초반에 이미 이런 시도를 했던 연구진의 상상력에 감탄하지 않을 수 없다.

글로벌 틈새시장
정복한 K강소기업

    한국이 대기업 중심의 경제, 산업 구조로 되어 있다 보니 중소기업에 대한 관심은 적은 게 현실이다. 대기업 공개채용 경쟁률은 수백 대 일을 쉽게 뛰어넘지만, 중소·중견기업은 사람을 구하지 못해 구인난을 겪고 있다. 하지만 이 같은 척박한 환경 속에서도 차별화된 기술력으로 세계시장을 석권하고 있는 토종 중소·중견기업들이 적지 않다.

빨대로 세계를 정복한 토종 강소기업

    편의점이나 마트는 물론 카페에서 손쉽게 접할 수 있는 '빨대'. 세계에서 빨대를 제일 많이 만드는 기업, 세계 최초로 역류를 막을

수 있는 Z자형 빨대를 만든 기업은 어디일까. 한 개당 5원에 불과한 빨대를 팔아 연 2,000억 원 가까운 매출을 올리는 기업은 과연 어디에 있을까.

정답은 바로 한국이다. 일상생활에서 수없이 사용되는 빨대, 그 시장에서 점유율 30%를 넘어서는 K강소기업이 바로 '서일'이다. 서일은 중소기업이지만 한국은 물론 인도네시아, 미국, 중국, 튀르키예 등 6개 국가에 현지 공장을 보유하고 있다. 영국과 일본에는 해외 판매 법인을 두고 있다.

세계 최대 식품업체 네슬레와 펩시를 비롯해 수많은 기업들이 사용하고 있는 게 '서일'이 생산한 빨대다. 편의점에서 쉽게 볼 수 있는 U자형 빨대를 세계 최초로 개발한 곳도 바로 서일이다. 음료의 역류를 막을 수 있도록 Z자형 빨대를 처음으로 만든 것도 서일이다. 최근에는 ESG 바람을 타고 친환경 빨대 수요가 급증하자 종이로 만든 U자형 빨대도 세계 최초로 개발해 상용화시켰다. 빨대 재료가 종이이지만 물에 젖어도 잘 찢어지지 않는다. 국내외 직원 수 1,500여 명의 서일은 1979년부터 빨대를 만들어 판매하면서 단 한차례도 적자를 낸 적이 없는 말 그대로 '불황을 모르는 기업'이다.

오토바이 헬멧 한류 원조 HJC

오토바이 헬멧에서 한류의 원조가 시작됐다는 말이 나올 정도로 우리나라 강소기업이 세계 헬멧 시장을 석권하고 있는 걸 아는 사람은 많지 않다. 그 주인공은 바로 오토바이용 헬멧을 생산하는 K강소기업인 HJC(전 홍진크라운)다. 1971년 설립 후 국내시장 1위로 올라선 뒤 1992년 미국 시장 1위, 2001년 유럽 진출과 함께 유럽 시장 1위 등 가는 곳마다 시장점유율 1위를 차지했다. 지금까지 20년 넘게 세계 시장점유율 1위 자리를 단 한차례도 빼앗기지 않았다.

오토바이 내장재를 생산하던 HJC는 1974년 서울헬멧을 인수하며 본격적으로 오토바이용 헬멧 생산을 시작했다. 당시 한국 오토바이 헬멧 시장은 일본 등의 수입 제품이 장악하던 때였다. HJC는 오토바이 헬멧 생산을 위한 제조 장비를 국산화해 가격 경쟁력을 키웠다. 미국에 진출한 뒤에는 미국의 높은 인증 규제를 통과하기 위해 밤낮없이 연구에 매진했다. 미국 진출 10여 년 만인 1992년 미국 오토바이 헬멧 점유율 1위에 오른 HJC는 이후 지금까지 1위 자리를 지키고 있다. HJC는 "연구하지 않는 기업은 살아남을 수 없다"는 철학으로 매년 매출액의 10%를 연구개발R&D비로 쏟아붓고 있다. HJC의 2022년 매출은 1,842억 원, 영업이익은 124억 원이다.

모자 팔아 5,000억 원 매출 올리는 K강소기업

모자 분야에서는 세계 1위를 자부하는 한국의 강소기업이 하나 둘이 아니다. 시장이 워낙 광범위하고 모자 종류가 다양하다 보니 시장을 어떻게 구분하느냐에 따라 1~2위가 바뀌지만 확실한 것은 한국의 강소기업들이 세계 모자 시장을 석권하고 있다는 사실이다.

대표적인 기업으로 ODM(개발력을 갖춘 회사가 판매망을 갖춘 회사에 상품과 재화를 제공하는 방식)과 OEM(단순한 수탁 개념으로 제품을 생산·납품하는 방식) 중심 사업을 하는 '유풍'을 꼽을 수 있다. 1974년 설립된 유풍은 방글라데시는 물론 베트남에 생산 공장을 두고 있는

데 500여 고객사에 모자를 공급하고 있다. 1년에 1억 2,000만 개의 모자를 생산하는 유풍은 2022년 매출 5,149억 원으로 세계 1위다. 2022년 영업이익률은 23.6%로 '알짜 중의 알짜 기업'으로 꼽힌다.

영안모자도 빼놓을 수 없는 한국의 모자 생산 기업이다. 1959년 청계천의 작은 노점으로 시작한 영안모자는 1970년대 미국 LA다저스에 팬 서비스용 모자를 독점 납품한 것을 시작으로 지금은 연간 1,200만 개의 스포츠 모자를 미국에 수출하고 있다. 한국 기업인데 한국에는 매장이 없고 OEM 방식 납품도 하지 않는다. 영안모자가 연간 생산하는 모자는 약 1억 개. 한때는 세계 모자 시장의 약 40%를 차지했을 정도로 점유율이 높았다.

외국인 눈에 신기한 K부탄가스

부탄가스 시장은 30년 전까지만 해도 부탄가스를 처음 개발한 일본이 시장을 장악하고 있었다. 하지만 우리가 1986년 아시안게임과 1988년 서울 올림픽을 연달아 치른 뒤 상황이 급반전됐다. 한국을 방문한 외국인들이 '블루스타'로 불리는 소형 가스레인지를 들고 다니며 언제 어디서든 음식을 조리해 먹는 K문화를 보게 됐고, 그 편리성에 눈 뜬 외국인들이 고국으로 돌아간 뒤에도 한국의 부탄가스를 찾기 시작한 것이다.

또 1995년 일본 고베 대지진으로 에너지 인프라가 망가지면서
일본 내 부탄가스 수요가 급증한 것도 영향을 줬다. 당시 일본 내
부탄가스만으로는 수요를 맞추기 힘들게 되자 한국 부탄가스를 수
입하기 시작했다. 이를 계기로 국내 부탄가스업체들이 수출에 눈
을 뜨기 시작했고 이는 한국이 글로벌 부탄가스 시장 최강자로 발
돋움하는 계기가 됐다.

휴대용 부탄가스 제품인 썬연료로 유명한 업체 '태양'은 세계
휴대용 부탄가스 시장의 60%를 점유하고 있다. 대륙제관, 오제
이씨 등 국내 다른 부탄가스 제조업체까지 합치면 시장점유율은
90%에 달한다. 대륙제관은 폭발 방지 부탄가스인 '맥스부탄'을
앞세워 2022년 7,000만 달러 수출의 탑(수출 증대에 기여한 기업에
주는 상)을 수상하기도 했다.

인조가죽, 풍력타워 등도 주름잡는 K강소기업들

신발용 인조가죽인 합성피혁에 사용하는 '부직포 원단' 생산은
K강소기업 디케이앤디가 세계시장을 장악하고 있다. 글로벌 시장
점유율이 30%에 달한다. 인조가죽은 2000년대 들어서면서부터
시장의 관심을 받기 시작했다. 천연가죽에 대해 동물 보호 단체들
의 항의가 거세지다 보니 '천연가죽 같은 인조가죽'을 찾는 사람들
이 많아졌다. 2000년 설립된 디케이앤디는 천연가죽의 질감을 유

지하면서 천연가죽보다는 가벼운 합성피혁 개발에 성공했고 이는 현재 나이키 운동화를 비롯해 다국적 기업들의 차량 시트, 애플의 아이패드 케이스 등에 사용되고 있다.

휴비스는 PPS 섬유 시장에서 2018년 도레이까지 제치며 글로벌 1위에 올랐다. 휴비스는 2009년 국내 최초로 PPS 섬유 개발에 성공했다. 2000년 SK케미칼과 삼양사는 휴비스를 창업했다. PPS 섬유는 자동차나 가전 등에 사용되는 플라스틱으로 열에 강하고 화학적인 변화도 적어 '슈퍼섬유'로 불린다. 전 세계적으로 일본 도레이 등 소수 기업만 생산이 가능할 만큼 높은 기술력이 요구되는 제품이다.

화장품 분야에서도 세계 인구 70억 명 가운데 4분의 1이 사용하는 K뷰티 제품이 있다. 로레알, 뉴스킨, 존슨앤존슨과 같은 세계적인 화장품 회사 제품이나 더페이스샵, 올리브영 등 국내 화장품 브랜드 제품을 사용하고 있다면 여러분은 이미 중견기업 코스맥스의 고객이다. 코스맥스는 ODM으로 화장품과 건강기능식품을 연구·개발·생산하는 토종기업이다. 세계 600여 개 기업을 파트너로 두고 있는데 이들 고객사가 판매하는 화장품을 맞춤형으로 생산해 제공하고 있다. 코스맥스는 기업 대 소비자$_{B to C}$가 아닌 기업 대 기업$_{B to B}$ 영업을 하는 만큼 일반인들에게는 잘 알려지지 않았지만, 매출이 2조 원에 육박한다.

친환경 발전에 대한 관심이 전 세계적으로 커지는 가운데 '풍력 타워' 시장에서는 국내 중견기업 씨에스윈드가 세계 시장점유율

16%를 차지하며 1위를 달리고 있다. 풍력발전을 할 때는 커다란 블레이드가 돌면서 전기를 생산하는데, 그 기둥이 되는 풍력타워의 수요도 확대되고 있다. 직원 수 100여 명에 불과한 씨에스윈드가 세계 1위 기업으로 성장할 수 있었던 건 기술력 덕분이다. 풍력타워는 거센 바람을 견뎌야 하는 만큼 품질이 떨어지면 바람에 타워가 쓰러질 수도 있다. 씨에스윈드가 만든 풍력타워는 현재까지 단한 대도 쓰러진 적이 없다고 한다. 2021년 씨에스윈드는 미국에서세계 최대 풍력타워를 운영하는 덴마크 풍력발전기 제조사 베스타스와 인수계약을 맺고, 미국 공장 지분 100%를 1억 5,000만 달러에 인수하기도 했다. 2022년 〈블룸버그〉는 미국이 추진하는 '인플레이션 감축법ιRA'으로 한국 신재생에너지 기업들이 혜택을 받을 것이라며 그 수혜 기업 중 하나로 씨에스윈드를 언급하기도 했다.

산업기술통상자원부가 선정한 소부장(소재·부품·장비) 강소기업에 선정된 신화인터텍도 튼실한 기업으로 손꼽힌다. 이 기업은LCD와 같은 모니터의 빛 손실을 막는 '광학용 필름'을 만들어 판매하고 있다. 신화인터텍이 만든 필름은 삼성전자뿐 아니라 글로벌 IT 기업들에게 납품되고 있다. 2021년에는 세계 최초로 차세대디스플레이에 활용할 수 있는 필름을 개발했으며 광학용 필름 시장점유율은 40%에 달한다.

미국 라스베이거스의 슬롯머신 상당수는 한국 업체 코텍이 제작해 공급하고 있다. 라스베이거스를 방문한 사람들이라면 호텔뿐아니라 공항에도 카지노 슬롯머신이 대거 설치돼 있는 걸 자주 봤을 것이다. 코텍은 산업용 모니터를 제조하는 중견기업으로 카지노 슬롯머신용 모니터 분야에서 세계 시장점유율 50%를 넘긴 1위 업체다. 코텍은 전자칠판 시장에도 진출했고 의료용과 항공 모니터, 키오스크 등 각종 특수 모니터를 생산하고 있다.

260년의 역사를 지닌 독일의 세계적인 필기구 제조회사 파버카스텔, 세계 최대 필기구 제조사인 프랑스의 빅. 두 회사의 공통점은 한국의 강소기업이 만든 잉크를 사용한다는 점이다. 1958년 설립된 유앤아이는 처음에는 안료와 염료 등을 일본에서 수입해 판매했지만 1988년부터 안료 기술 국산화에 나섰다. 1997년 필기용 잉크 시장에 진출하면서 독일과 일본을 따라잡았다. 직원은 50여 명에 불과하지만, 높은 기술력으로 팬시용 볼펜 잉크 시장에서 세계 시장점유율 1위를 기록하고 있다. 수성 잉크와 유성 잉크의 단점을 개선한 '겔' 형태의 중성 잉크도 개발했다. 현재 매출의 80% 이상을 중국과 인도, 동남아시아 등 15개 국가에서 벌어들이고 있다.

한국 하면 반도체, K반도체의 위엄

1983년 일본 미쓰비시연구소가 한국의 자존심을 긁는 제목의 보고서를 발간했다. '삼성이 반도체를 할 수 없는 다섯 가지 이유.' 말 그대로 삼성이 반도체 산업에서 성공할 수 없는 다섯 가지 이유를 담은 보고서였다. 1983년 2월 삼성그룹 창업주인 이병철 당시 회장이 도쿄에서 '왜 우리는 반도체 사업을 해야 하는가'라는 선언문을 발표하고 반도체 산업에 대한 진출 의지를 밝힌 뒤 몇 달 지나지 않은 시점이었다. 함부로 반도체 산업에 뛰어들었다가는 혼쭐이 날 수 있으니 언감생심 꿈도 꾸지 말라는 겁박과 같은 무례한 보고서였다.

미쓰비시연구소는 보고서에서 작은 내수시장, 취약한 관련 산업, 부족한 사회간접자본, 삼성전자의 열악한 규모, 빈약한 기술 등 5가지 이유를 들어 삼성전자가 반도체 사업에서 성공할 수 없다고 진단했다. 반도체 산업은 자본과 기술이 필요한 '선진국 산업'이다. 삼성이 아무리 급성장했더라도 반도체 진출은 불가능하다는 게 대체적인 시각이었다. 반도체는 당시 G2로 불리던 미국과 일본이 시장을 양분하고 있었다. 이병철 삼성 회장이 반도체 산업 진출을 선언하자 미국 인텔은 '과대망상증 환자'라고 비꼬기도 했다.

국내에서조차 반도체 산업에 대해 회의적이었다. 1982년 한국개발연구원KDI은 '반도체는 인구 1억 명, 1인당 국민소득 1만 달러, 내수가 GDP의 50% 이상을 차지하는 국가에서만 할 수 있다. 기술, 인력, 재원이 없는 우리에겐 불가하다'는 내용의 보고서를 발간하기도 했다. 미쓰비시연구소와 KDI가 당시 발간한 보고서를 지금 다시 본다면 얼굴이 화끈거릴 듯하다.

보고서가 나온 지 40년이 흐른 지금, K반도체가 미국과 일본의 비아냥을 보란 듯이 깨트리고 세계 반도체 시장을 석권했다. 1980~1990년대 세계 반도체 시장을 장악했던 미국과 일본 기업들은 하나둘 사라졌고 이제는 삼성전자를 비롯해 SK하이닉스가 D램 부문에서 압도적인 시장점유율로 독보적인 위상을 유지하고 있다.

모두가 비관했던 반도체 대국의 꿈이 현실로

1969년 삼성전자공업으로 출발한 삼성전자는 백색가전과 음향기기를 제조해 판매했다. 일본 산요전기로부터 자본을 유치하고 기술적 도움을 받으면서 흑백 TV를 생산해 처음으로 파나마에 수출했다. 1974년 삼성전자는 한국반도체를 인수하며 신시장 진출을 꾀했다.

당시 삼성전자 경영진들조차 한국반도체 인수에 반대했다고 한다. TV도 일본 제품을 따라가지 못하는데 첨단산업인 반도체 분야에 뛰어드는 건 무모하다고 봤기 때문이었다. 하지만 이건희 당시 부회장이 개인 자금을 털어 한국반도체 지분 50%를 인수하고, 3년 뒤 잔여 지분까지 추가로 다 사들였다. 1978년 한국반도체는 삼성반도체로 상호를 변경하고 1979년 삼성전자에 흡수·합병됐다.

1983년 12월 삼성전자가 반도체 진출 선언을 한 지 10개월 만에 국내 최초로 64K(킬로비트) D램 개발에 성공했다. 세계 3번째로 거둔 쾌거였다. 한국반도체 인수 당시 미국과 일본 반도체 기업과의 기술 격차는 30년 가까이 됐는데, 64K D램 개발로 그 차이를 3~4년으로 확 줄였다. 이후 삼성전자는 반도체 성능을 빠르게 향상시키며 존재감을 키우기 시작했다.

일본을 따라잡자는 모토로 사업을 시작했던 삼성전자가 1990년대에는 '세계 최고 제품을 생산하자'며 신경영을 선언했다. 그러고는 탁월한 기술력으로 일본 경쟁 기업들을 따라잡기 시작했다. 2007년 미국 컨설팅 기업 앤더슨 애널리틱스가 미국 대학생 1,000명을 대상으로 설문조사를 했더니 응답자의 57.8%가 삼성전자를 일본 기업으로 알고 있었다. 한국 기업이라는 응답은 9.8%에 불과했다. 그만큼 당시 삼성전자 제품은 '기술력'으로 세계를 제패했던 일본 제품에 뒤지지 않게 된 것이다.

삼성전자는 '국민 기업'이기도 하다. 2023년 현재 삼성전자 보통주를 보유하고 있는 개미 투자자만 600만 명을 훌쩍 넘어선다. 국내 증시 투자자가 약 1,400만 명임을 감안하면 주식 투자자 둘 중 한 명은 삼성전자 주주인 셈이다. 시가총액 2~3위 기업인 LG에너지솔루션(80만 명)과 SK하이닉스(95만 명)와 비교해도 월등히 앞서 있다. 한국 코스피 시장에서 삼성전자가 차지하는 시가총액 비중만 16%에 달한다. LG에너지솔루션(5.8%), SK하이닉스(2.7%) 등 2~3위 기업과의 격차가 크다.

삼성전자는 한국을 대표하는 글로벌 기업으로 자리매김했다. 2022년 글로벌 브랜드 컨설팅 전문업체 인터브랜드가 발표한 '글로벌 100대 브랜드Best Global Brands'에 따르면 삼성전자 브랜드가치는 877억 달러(약 115조 원)로 세계 5위다.

2022년 영국의 글로벌 여론조사업체 유고브가 선정한 글로벌 최고 브랜드 순위에서는 구글을 제치고 처음으로 세계 1위에 올라서기도 했다. 삼성전자는 포브스가 선정하는 '세계 최고의 직장 평가'에서 2020년 이후 3년 연속 1위에 올랐다.

SK하이닉스의 뚝심

삼성전자와 함께 세계 메모리 시장을 이끄는 SK하이닉스. 이 회사의 전신은 1949년 설립된 국도건설이다. 1983년 현대전자산업으로 이름을 바꾼 뒤 1984년 국내 최초로 16KB(킬로바이트) 용량의 S램 시험생산에 성공하며 반도체 사업에 뛰어들었다. 1995년에는 세계 최초로 256MB(메가바이트) SD램 개발에 성공하며 주목받았다.

반도체 시장에서 두각을 나타내던 현대전자는 1999년 LG반도체를 흡수·합병하면서 반도체 전문 기업으로 재탄생했다. 하지만 2000년은 반도체 시장 사이클이 내리막길을 타던 시기였다. 자금 사정이 어려워진 현대그룹은 현대전자 메모리를 제외한 나머지 사업부를 매각한 뒤 하이닉스반도체를 설립했다. 2001년 하이닉스가 워크아웃(채권단 공동관리)에 들어갔다가 기사회생했지만 2008년 말 글로벌 금융위기를 맞았다. 또다시 반도체 사이클이 하락기에 접어들면서 메모리 반도체업체 간 '치킨게임'이 시작됐다. 독일과 일본 반도체 기업들이 가장 먼저 사라졌다. 하이닉스도 2011년 SK그룹에 넘어갔다.

석유화학, 통신 사업이 주축이었던 SK는 신성장 동력이 필요했고 하이닉스는 탄탄한 자본을 가진 '주인'이 필요했다. SK그룹은 SK하이닉스를 전폭적으로 지원했다. SK하이닉스는 2012년 2분기부터 흑자로 돌아섰고 매년 사상 최대 매출과 영업이익을 갱신

했다. SK하이닉스는 2013년부터 고용량 모바일 D램 등 세계 최초 제품들을 쏟아내고 있다.

K반도체 세계 시장점유율 70%

삼성전자와 SK하이닉스의 글로벌 D램 시장점유율은 2022년 4분기 기준 각각 45.1%와 27.7%에 달한다. 두 기업을 합치면 세계 시장점유율이 72.8%다. 조금 과장해서 말하자면 세계 어디서나 볼 수 있는 전자기기에 삼성전자와 SK하이닉스의 반도체가 포함돼 있을 확률이 70%를 넘는 셈이다.

메모리 시장을 석권한 삼성전자와 SK하이닉스는 이제 비메모리 시장점유율 확대를 위해서도 과감한 투자에 나서고 있다. 반도체는 정보 저장 유무에 따라 메모리 반도체와 비메모리 반도체로 나뉜다. 메모리 반도체는 정보를 저장하는 역할을 하고, 비메모리는 정보를 처리한다. 비메모리 반도체는 전자 제품의 두뇌 역할을 하는 만큼 더 고도화된 기술을 필요로 한다. 2022년 기준 반도체 시장에서 메모리 반도체와 비메모리 반도체가 차지하는 비중은 각각 30%와 70%다.

비메모리 반도체는 메모리 반도체보다 다품종 소량생산이다. 정보를 처리하는 반도체인 만큼 이를 개발하기 위한 고급 기술 인력도 필수적이다. 비메모리 반도체 시장에서는 미국 인텔과 대만

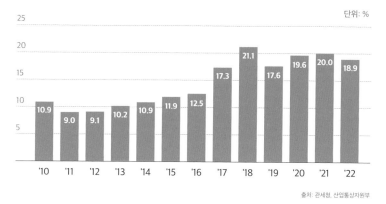

반도체 수출이 한국 수출에서 차지하는 비중

단위: %

연도	비중
'10	10.9
'11	9.0
'12	9.1
'13	10.2
'14	10.9
'15	11.9
'16	12.5
'17	17.3
'18	21.1
'19	17.6
'20	19.6
'21	20.0
'22	18.9

출처: 관세청, 산업통상자원부

TSMC, 미국 퀄컴, 브로드컴 등이 1위부터 4위를 차지하고 있고 삼성전자는 5위에 머물러 있다.

삼성전자는 2040년까지 300조 원을 투자, 한국에 세계 최대 시스템반도체 단지를 조성할 예정이다. 이곳에 첨단 반도체 생산공장 5개와 함께 소부장(소재·부품·장비) 기업, 팹리스 기업 등 관련 기업 150개를 유치해 나간다는 계획이다. SK하이닉스도 2022년 비메모리 반도체 기업인 키파운드리를 인수하며 사업 확대 발판을 마련했다.

삼성과 애플의 스마트폰 점유율 전쟁

삼성은 반도체 외에 스마트폰 시장점유율도 애플과 글로벌 1~2위 싸움을 하고 있다. 시장조사기관 카날리스에 따르면 삼성이 2022년 글로벌 스마트폰 시장점유율 22%로 1위다. 2위는 19%를 차지한 애플이다. 삼성과 애플이 분기별로 엎치락뒤치락하며 점유율 경쟁을 벌일 정도로 두 기업의 스마트폰 패권 다툼이 치열하다. 애플의 신제품이 출시되면 삼성 스마트폰 점유율이 뚝 떨어지고, 반대로 삼성 신제품이 출시되면 애플을 앞서는 일이 반복되고 있다.

2023년 1분기 스마트폰 출하량 조사에서는 삼성이 22%로 1위를 차지했다. 애플 점유율은 21%로 삼성과 단 1%P 차이다. 2022년 4분기에는 신제품을 출시한 애플 점유율이 25%로 20%인 삼성을 앞질렀는데, 신제품 효과가 사라지면서 삼성이 다시 애플을 앞선 것이다. 스마트폰 시장에서 삼성은 애플에 이은 후발주자다. 애플이 아이폰 열풍을 일으켰을 때 삼성이 '갤럭시'를 출시하며 도전장을 내밀었지만 쉽지 않았다. 2010년 스마트폰 시장에서 애플 점유율은 16.1%, 삼성은 9%였다.

하지만 삼성은 스마트폰에 잇달아 신기술을 탑재하면서 애플을 빠르게 쫓아갔다. 2010년 아몰레드 디스플레이로 대형 화면을 선보였고 2011년에는 '노트'와 '펜'을 출시하면서 아날로그 감성을 모바일로 연결했다. 2014년에는 방수 스마트폰을 출시했다. 2016년에는 세계 최초의 듀얼 픽셀 센서를 장착해서 스마트폰으로도 DSLR 수준의 화질을 가진 사진을 찍는 시대를 열었다. 2019년에는 접고 펴는 스마트폰 'Z 시리즈'를 출시했다. 삼성은 이런 기술을 앞세워 2011년부터 세계 스마트폰 시장점유율에서 애플에 앞서기 시작했다.

K자동차의 진격

지금까지 현대자동차그룹이 판매한 자동차를 한 줄로 세우면 과연 몇 미터나 될까. 일단 1962년 현대자동차 설립 이후 2023년 1월까지 총 1억 4,774만 9,384대의 차량이 전 세계로 팔려나갔다. 여기에 차량의 길이를 곱하면 얼추 그 수치를 계산할 수 있다.

자동차 길이를 '전장'이라고 한다. 현재 출시되는 아반떼 전장이 4.7m, 쏘나타가 4.9m, 싼타페가 4.8m다. 지금까지 현대차 중 가장 많이 팔린 차는 1,473만 대 판매를 기록한 아반떼다. 물론 대형 버스와 트럭의 전장은 훨씬 길다. 가장 많이 팔린 아반떼를 기준으로 계산하면 총 길이가 6억 9,442만m에 달한다. 킬로미터로 환산하면 약 69만km. 지구에서 달까지의 거리가 38만km인 만큼 현대자동차그룹이 지금까지 판매한 차를 쭉 연결하면 지구와 달을 한번 왕복할 수 있다는 계산이 나온다.

지구에서 가장 높은 에베레스트산의 높이는 8,849m다. 자동차 높이를 뜻하는 '전고'는 대략 1.4m에서 1.6m인 만큼 평균 1.5m로 계산하면 2억 2,162만m다. 현대자동차그룹이 판매한 차를 차곡차곡 쌓으면 에베레스트산 높이의 2만 5,000배에 달하는 셈이다.

대단한 기록이지만 도요타나 폭스바겐그룹 등 다른 글로벌 자동차 메이커에 비해서는 작은 숫자다. 하지만 상황이 달라졌다. 전기차가 완성차 시장의 게임체인저로 등장하면서 현대자동차그룹이 기존 자동차 시장의 지각변동을 주도하고 있기 때문이다.

머스크, 현대차가 시장을 지배하고 있어요!

"유감이지만 머스크, 현대차가 조용히 전기차 시장을 지배하고 있어요Sorry, Elon Musk. Hyundai is quietly dominating the EV Race."

2022년 6월 26일 〈블룸버그〉는 다소 도발적인 제목의 기사를 통해 전기차 시대를 맞아 위상이 달라진 현대자동차그룹을 집중 조명했다. 현대자동차그룹이 '영혼을 갈아 만들었다'는 말이 나올 정도로 완성도 측면에서 높은 평가를 받는 전기차 모델 '아이오닉 5'와 'EV6'는 2022년 1월부터 5월까지 미국 시장에서 2만 1,467대가 판매됐다. 테슬라에 이어 전기차 부문 판매 2위를 기록하며 완성차 업계를 놀라게 했다. 리서치업체 에드먼즈의 조셉 윤 부사장은 〈블룸버그〉와의 인터뷰에서 "현대차와 기아가 전기차 시장

전기차 전용 모델 아이오닉5

을 싹쓸이하고 있다"고 분석했다.

물론 테슬라가 아직은 글로벌 전기차 시장에서 압도적 점유율로 판매량 1위를 달리고 있기는 하다. 2022년 1월부터 5월 사이 테슬라의 미국 시장 판매량은 20만 대다. 시장점유율 2위인 현대자동차그룹 판매량의 10배였던 만큼 기사가 다소 침소봉대된 것처럼 보일 수도 있다. 하지만 〈블룸버그〉는 GM과 포드 등 전통의 강자로 평가받는 완성차 기업들을 제치고 현대자동차그룹이 전기차 판매량 2위를 달성한 것에 높은 점수를 줬다. 테슬라가 연간 전기차 판매량 2만 대를 달성하는 데 10년이 걸린 데 비해 현대자동차그룹이 전용 전기차 출시 1년 만에 이 정도 판매량을 기록한 것은 놀라운 성과라고 진단했다.

〈블룸버그〉 기사가 나오기 닷새 전, 일론 머스크 테슬라 CEO도 현대자동차그룹에 관심을 보였다. 그는 2022년 1분기 미국 전기차 시장에서 현대차·기아가 점유율 9%로 4.6%인 폭스바겐과 4.5%인 포드를 두 배 이상 앞선 내용을 담은 사진을 공유하며 "현대차가 꽤 잘하고 있다 Hyundai is doing pretty well"는 트윗을 남겼다.

싸구려 차에서 럭셔리 차로

1976년 현대차 '포니'가 처음 사우디에 수출됐을 때 이야기다. 사막에서 불어오는 모래가 차량 에어컨으로 들어가면서 고장이 났다. 에어컨이 작동을 멈추면서 차량 내부 열이 통제 불능 상황으로 치솟았고 결국 시트가 녹고 핸들이 휘어져버렸다.

1986년 세계 최대 자동차 시장인 북미 시장에 '액셀'을 수출한 현대차는 '대출받지 마세요. 차 한 대 가격으로 액셀 두 대를 살 수 있습니다'라는 문구를 광고에 활용했다. 당시 액셀 기본 모델 가격은 4,995달러, 북미 차량 판매 평균 가격이었던 1만 2,500달러의 절반에도 못 미치는 수준이었다.

이처럼 저렴한 가격을 앞세운 광고로 밀어붙인 현대차는 그해 미국 시장에서 액셀 16만 8,882대를 판매했다. 미국 경제지 〈포춘〉은 그해 액셀을 '미국의 10대 상품'으로 선정했다. 그다음 해인

1987년엔 액셀 26만 3,610대를 판매해 도요타를 누르고 미국 내 수입 소형차 판매 1위를 차지했다. 1988년에도 26만 4,282대를 판매하면서 자신감을 얻은 현대차는 중형차인 쏘나타와 스쿠프를 잇달아 출시했다.

하지만 거기까지였다. 현대차의 당시 기술력은 일본과 미국의 경쟁 자동차업체를 따라잡기에는 역부족이었다. 고장이 상당히 잦았는데도 미국 내 현대차 AS센터 인프라가 제대로 깔려 있지 않으니 신속하게 수리하기 어려웠다. 차가 필수품인 미국에서 현대차를 샀다가 제때 고치지 못해 피해를 본 사람들이 늘어나면서 '품질이 나쁜 싸구려 차'라는 인식이 확산됐다. 저렴한 가격 덕분에 판매량은 상당했지만 현대차에 대한 이미지는 한마디로 최악이었다.

당시 미국 인기 토크쇼나 드라마에도 현대차를 조롱하는 농담이 심심치 않게 등장했다. 심지어 '우주에서 할 수 있는 10가지 장난 중 하나'에는 '우주선 내부에 현대차 로고를 붙이는 일'이 포함될 정도였다. 우주인이 현대차 로고를 보면 집으로 돌아가지 못할까봐 걱정할 수밖에 없다는 의미였다. 결국 1989년 액셀 판매량이 18만대로 대폭 줄었고, 한 번 꺾인 판매량은 좀처럼 회복되지 못했다.

'싸구려 차', '한 대 가격으로 두 대를 살 수 있는 차'라는 꼬리표가 붙었던 현대차가 '가성비 있는 차'로 한 단계 도약하게 된 변곡점은 1999년이다. 이때부터 정몽구 회장은 기술적인 자신감을 토대로 '품질경영'을 앞세워 미국 시장에 승부수를 띄운다. '10년,

For the average price of a new car, you can get a Hyundai Excel.

And a spare.

Since today's average new car costs well over $12,500, the new Hyundai Excel makes twice as much sense.

Because for that much money, you can buy both the 4-Door Excel GL and the 3-Door Excel® that are parked on this page.

Both are reliable, have front-wheel drive, four-wheel independent suspension and a fuel efficient 1.5 liter overhead-cam engine.

The Excels have room enough to fit five. And more standard features than any car in their class.

Sensible features, like an electric rear-window defroster, five full-size steel-belted radial tires and reclining bucket seats.

The Excel even offers an option that the average priced car can't.

And that's a second Hyundai Excel.

So call 1-800-255-2550 for your nearest Hyundai dealer.

HYUNDAI
Cars that make sense.

*Based on Mfr's sticker price excluding freight, taxes, title and options. Dealer's price may vary.
© 1987 Hyundai Motor America.   Seat belts make sense.

한 대 가격으로 두 대를 살 수 있다는 광고를 게재해서
큰 인기를 누린 현대자동차그룹의 액셀

10만 마일 보증'이라는 파격적인 마케팅으로 미국 소비자들의 주목을 받았다. 그때까지만 해도 차량을 10년간 보증하는 자동차 회사가 세계적으로 전무했기 때문이다. 품질에 대한 자신감이 없다면 10년이나 차량을 보증한다는 건 자살행위나 마찬가지다.

하지만 현대차는 아무도 하지 못했던 보증기간 10년 마케팅을 통해 차량 품질을 인정받는 데 성공했다. 당연히 시장의 시선도 달라졌다. 현대차는 단순히 가격만 저렴한 게 아니라 품질이 뒷받침되는 가성비 높은 제품으로 차별화되기 시작했다. 2004년 미국 〈비즈니스 위크〉는 "현대, 싸구려 차에 작별 키스를 하다Hyundai Kissing Clunkers Goodbye"라는 제하의 기사를 통해 현대자동차그룹의 품질경영에 높은 점수를 줬다. 북미 시장에서 현대차는 '싸구려 차'에서 '가성비 좋은 차'로 재탄생했다.

2008년 미국 일간지 〈USA투데이〉는 "놀랍다. 현대차가 제네시스로 럭셔리 메이커 반열에 올랐다Surprise! Hyundai proves it's a master of luxury with Genesis"는 기사를 게재했다. 2008년 제네시스 브랜드 출시로 현대차가 프리미엄 시장에 도전장을 던진 것이다. 그리고 단 1년 만인 2009년 제네시스는 '북미 올해의 차'로 선정돼 세상을 깜짝 놀라게 했다. 미국 경제전문지 〈포춘〉은 2010년 1월 포드를 제치고 자동차 업계 4위로 올라선 현대차를 향해 "현대차의 발전 속도는 속도위반 딱지를 떼어야 할 정도"라고 평가하기도 했다.

제네시스에 올라탄 현대자동차그룹은 2021년 북미 시장에서 '기술의 혼다'라는 별칭을 자랑하던 일본 혼다를 제치고 판매량 부

"제네시스 덕분에 살았습니다."

2021년 2월 골프 황제 타이거 우즈가 미국 캘리포니아주 인근에서 차 사고를 당했다. 우즈는 당시 제네시스 초청 골프대회에 참석하기 위해 LA에 머물고 있었다. 사고가 났을 당시, 우즈는 행사 주최 측인 제네시스가 제공한 GV80을 타고 있었다. 미국 경찰 조사에 따르면 우즈는 중앙 분리대 표지판을 들이받고 나무에 충돌한 뒤, 도로 반대편에 멈출 때까지 여러 차례 구른 것으로 알려졌다. 미국 경찰은 "차량 앞쪽은 완전히 파괴됐는데 에어백이 작동했고 실내가 온전히 유지돼 우즈가 목숨을 구할 수 있었다. 그렇지 않았다면 사망 사고로 이어질 뻔했다"고 밝혔다.

우즈에겐 미안한 얘기지만 이 사고는 미국 시장에서 현대자동차그룹의 위상을 높이는 데 큰 역할을 했다. 당시만 해도 대다수 미국인은 현대차 품질이 80년대 수준에 머물러 있는 것으로 생각했다. 그런데 GV80 덕분에 우즈가 치명적인 부상을 피할 수 있었다는 사실이 미국 언론에 연일 보도되면서 제네시스는 물론 현대차에 대한 평판이 덩달아 올라가게 된 것이다. GV80은 이후 까다롭기로 유명한 미국 고속도로안전보험협회의 충돌 테스트에서 최우수 성적을 받으며 안전성을 다시 한번 입증했다.

판매 가격과 수량에서 제네시스의 달라진 위상을 볼 수 있다. 2020년 9월 북미 시장에서 평균 4만 6,328달러였던 제네시스 평균 가격은 2023년 3월에는 6만 2,033달러까지 뛰었다. 제네시스 미국 판매량은 2019년 2만 1,233대에서 2022년 5만 6,410대로 급증했다. 같은 기간 아우디, 렉서스 등 전통 럭셔리 브랜드 판매량이 오히려 감소한 것과 대조된다.

문 5위로 올라섰다. 북미 시장에 진출한 지 35년 만의 일이다. 현대차그룹의 2022년 글로벌 판매량은 684만 500대로 도요타와 폭스바겐그룹에 이어 세계 3위를 차지했다. 2010년 5위로 올라선 후 12년 만의 성과였다. 판매량이 급증하면서 가격도 덩달아 오름세다. 과거에는 국내에선 비싸게 팔고, 해외에서 싸게 판매했는데 옛말이 됐다. 2022년 기준으로 현대차와 기아의 미국 내 차량 판매가는 한국과 비교했을 때 10~50%가량 더 비싸다.

전기차 시대, 추격자에서 선도자로

자동차 업계에 수많은 상이 있지만 '북미 올해의 차'와 '유럽 올해의 차', '세계 올해의 차'를 세계 3대 자동차상으로 평가한다. 2022년에 현대차는 이들 3개의 자동차상 중 두 개를 거머쥐었다. 현대자동차그룹의 첫 전용 전기차 모델인 '아이오닉5'와 'EV6'가 그 주인공이다.

코로나19 이후 전기차 시장이 빠르게 성장하면서 글로벌 완성차업체 화두는 '전동화'였다. 테슬라를 제외한 완성차업체들은 전용 전기차를 만들기보다는 하이브리드나 기존 내연기관 차체에 배터리를 얹는 방식으로 전기차를 '시범적'으로 만들어 판매하는 게 전부였다. 하지만 전기차에 대한 각국의 지원이 확대되고 ESG경영에 대한 관심이 높아지면서 전동화는 피할 수 없는 흐름이 됐다.

포드와 GM, 현대자동차그룹 등 내연기관차를 만들던 기업들이 서둘러 전동화 전환에 나선 이유다. 전동화 부문에서 현대자동차그룹은 더 이상 추격자가 아닌 선도자로 평가받고 있다. 숫자가 이를 그대로 보여준다.

자동차 전문 매체 워즈오토가 선정하는 '10대 엔진상'이라는 게 있다. 자동차 파워트레인 기술 분야의 '오스카상'이라 불릴 만큼 권위를 인정받는데, 전동화 부문에서 현대자동차그룹은 다른 완성차업체를 압도하는 성과를 보이고 있다.

2022년까지 '올해의 10대 엔진'에 선정된 280개 차 브랜드 중에서 BMW와 포드는 같은 상을 각각 39회, 38회 수상했다. 닛산이 22회, 혼다가 21회 수상한 것까지 참고하면 사실상 미국과 독일, 일본이 세계 최고 엔진 타이틀을 독식해왔음을 알 수 있다. 그런데 최근 10년간으로 기간을 좁혀보면 변화가 뚜렷하다. 2009년 제네시스가 처음으로 워즈오토의 높은 벽을 뚫은 이후 현대차그룹은 거의 매년 수상 차종 명단에 이름을 올렸다. 특히 전기, 수소, 하이브리드와 같은 전동화 모델 부문에서 두각을 드러내고 있다.

10대 엔진상에 수소차나 하이브리드, 전기차가 포함된 것은 2014년부터다. 현대자동차그룹은 2015년 투싼 수소연료전지차를 시작으로 2022년 아이오닉5까지 총 7차례 친환경 파워트레인 부문에서 수상했다. 2014년 이후 총 26개 친환경차 브랜드가 파워트레인상을 수상했는데, 현대자동차그룹이 그중 26.9%를 차지한다. 기존 내연기관차 시장에서 '추격자'였던 현대자동차그룹이 환경

자동차 부문에서 '선도자'로 자리매김을 한 셈이다.

현대자동차그룹은 2030년까지 글로벌 시장에서 전기차 300만 대를 판매한다는 야심찬 목표를 세웠다. 확대되는 북미 전기차 시장을 잡기 위해 미국 조지아주에 2025년 상반기 생산을 목표로 전기차 전용 공장을 건설 중이다. 연간 30만 대의 전기차를 양산할 계획인 현대자동차그룹 메타플랜트 아메리카 공장에서 현대차는 물론 기아, 제네시스 등 3개 브랜드의 전기차를 모두 생산한다.

미래 신산업 수소, 한국의 어벤져스가 책임진다

2021년 9월 경기도 고양 킨텍스에서 개최된 '수소모빌리티쇼'에서 쉽게 볼 수 없는 장면이 펼쳐졌다. 현대자동차 부스에서 무인 드론이 공중으로 날아오르자 SK그룹 최태원 회장이 스마트폰을 들고 촬영을 시작했다. 바로 옆에 있던 조현상 효성그룹 부회장도 스마트폰을 꺼내들었다. 그 옆에서는 현대자동차그룹 정의선 회장과 포스코그룹 최정우 회장, 롯데그룹 신동빈 회장이 이를 지켜보고 있었다. 주요 대기업 총수들이 이렇게 한자리에 모인 건 이 자리에서 '코리아 H2 비즈니스 서밋' 출범식을 갖기 위해서였다. 이날 대기업 총수들이 모인 것을 두고 히어로들이 모이는 영화 〈어벤져스〉에 빗대 '수소 어벤져스'라 부르기도 했다.

수소는 풍부하고 깨끗한 자원으로 꼽힌다. 수소를 이용한 연료전지 자동차는 수소와 산소가 만나 물이 만들어지는 과정에서 발생하는 전기를 전력으로 활용한다. 차량만 수소를 활용하는 게 아니다. 수소버스, 수소차가 이미 상용화된 상태에서 수소를 연료로 사용하는 선박도 건조할 수 있다. 액화수소 플랜트를 만들어 수소를 대량 공급할 수 있게 되면 전력을 생산하는 발전소도 수소를 연료로 사용할 수 있다. 수소를 연료로 활용할 수 있게 되면 인간이 내뿜는 탄소 배출량을 획기적으로 줄일 수 있게 된다.

지금까지 국내 기업에 '패스트 팔로워fast follower' 즉 빠른 추격자라는 꼬리표가 따라다녔는데, 수소차 부문에서는 전기차에 이어 '퍼스트 무버'가 될 수 있다. 현대자동차는 누구보다 앞서 수소경제에 관심을 두고 연구개발을 추진해왔다. 현대차가 처음 수소 기반 전지로 움직이는 수소전기차 개발에 착수한 때는 1998년이었다. 2년 만인 2000년 싼타페 기반의 수소전기차를 개발했다. 2005년에는 수소연료전지 시스템 국산화에 성공하며 관련 기술 선두 주자로 자리 잡았다. 2013년에는 양산형 수소차 투싼 FCEV를 세계 최초로 생산했다. 전기차 시대가 오기 전에 한발 앞서 수소 기술에 투자해 관련 기술을 확보했다. 현대차는 수소차 '넥쏘' 판매량에 있어서 일본 도요타를 제치고 2018년 이후 세계 1위를 놓치지 않고 있다. 현대차는 넥쏘에 이어 양산형 대형 수소트럭인 액시언트 수소트럭을 개발해 2020년부터 스위스 등에 총 47대를 수출했다.

세계 전기차
2대 중 1대엔 K배터리

국내를 비롯해 미국, 유럽 등 여러 나라의 도로에서 한국산 배터리를 장착한 전기차를 쉽게 볼 수 있게 됐다. 중국을 제외한 나머지 세계 모든 나라의 전기차에 탑재하는 배터리 53.4%를 한국 기업들이 생산하고 있기 때문이다.

2022년 기준으로 중국을 제외한 세계 각국에서 판매된 전기차는 약 300만 대. 그중 최소 150만 대에는 LG에너지솔루션과 삼성SDI, SK온이 만든 배터리가 탑재되어 있는 셈이다. 이처럼 K배터리가 갖는 위상은 일반인이 상상하는 그 이상이다. 세계 최강국 미국의 대통령이 직접 나서 K배터리 기업들에게 구애의 손길을 내밀 정도다.

K배터리 없으면 안 된다며 직접 나선 미국 대통령

2019년 LG에너지솔루션은 SK온이 '자사 배터리 제조 관련 영업비밀을 침해했다'며 미국 국제무역위원회ITC에 소송을 제기했다. 2년 만인 2021년 2월 ITC는 LG에너지솔루션의 손을 들어줬다. 판결에 따르면 SK온은 향후 10년 동안 미국 내에 배터리 공장을 세울 수 없을 뿐 아니라 배터리를 공급할 수도 없게 된다. 미국 조지아주에 짓고 있던 배터리 공장 건설도 당장 멈춰야 할 위기에 처했다.

그런데 SK온이 아니라 미국 정부가 시쳇말로 '멘붕(멘탈 붕괴)'에 빠졌다. 미국 시장에 한국 기업의 배터리가 반드시 필요했기 때문이다. 전기차의 '심장'이라 불리는 이차전지를 미국에서 대량으로, 그리고 안정적으로 생산할 수 있는 곳은 사실상 한국 기업들밖에 없다.

2030년까지 미국에서 판매되는 신차의 절반을 전기차로 바꿔놓겠다는 바이든의 공약 달성과 전기차 시장 경쟁력 확보라는 두 마리 토끼를 놓칠 위기에 처했으니 비상이 걸릴 수밖에 없었다. 미국 완성차업체들이 제때 전기차를 만들지 못할 상황에 맞닥뜨린 바이든 행정부가 한국 배터리 기업 간 소송을 가만히 두고 볼 수만은 없었다. 양사 소송이 치열하게 진행되던 때 미국 정부가 중재에 나섰다는 외신 보도가 잇달아 나오기 시작했다.

이런 미국 정부의 노력이 통했는지는 알 수 없지만 다행스럽게도 애플과 삼성의 스마트폰 특허전에 이어 '세기의 소송'으로 불렸던 LG에너지솔루션과 SK온의 영업비밀 침해 다툼이 2021년 4월 12일 합의로 마무리됐다. 이에 당시 젠 사키 백악관 대변인은 "우리는 강력하고 다양하고 견고한 미국 기반의 전기차 배터리 공급망이 필요하다. 이를 통해 국제적으로 늘어나는 수요를 맞출 수 있다"며 환영의 뜻을 표명했다.

미국에서 이뤄진 한국 기업 간의 법정소송에 대해 백악관이 성명까지 발표한 것은 이례적인 일이었다. 한발 더 나아가 조 바이든 대통령 역시 직접 "이번 합의는 미국 노동자와 자동차 산업의 승리"라고 말하기도 했다. 워싱턴포스트는 LG에너지솔루션과 SK온이 합의한 날 "일자리 창출과 미국 내 전기차 공급망 구축을 원하는 바이든 대통령의 승리"라고 보도했다.

아무나 못 만드는 이차전지

전 세계적으로 전기차에 탑재되는 이차전지를 생산할 수 있는 기업은 한국의 LG에너지솔루션과 SK온, 삼성SDI와 일본 파나소닉 등 몇 개에 불과하다. 중국의 CATL과 BYD 역시 배터리를 생산할 수 있다. 하지만 중국 기업들은 자국의 폐쇄된 시장을 중심으로 성장했던 만큼 기술적으로 포드와 GM, BMW, 아우디와 같은 글로벌 완성차업체들의 입맛을 맞추기에는 역부족인 상황이다.

또 미·중 무역 갈등이 심화된 탓에 중국과 미국 기업 간 협력도 사실상 불가능했다. 파나소닉은 테슬라에 공급하는 물량 맞추기도 버거운 상황이었고, 보수적인 투자 기조 때문에 추가 증설도 쉽지 않았다. 미국이 믿을 곳은 한국밖에 없었다. 그런데 미국 현지서 LG에너지솔루션과 SK온의 싸움이 벌어졌으니 난감할 수밖에 없었다. 결국 미국 정부가 중재에 나섰고, SK온이 LG에너지솔루션에 2조 원에 가까운 보상금을 주기로 하면서 양사 모두 미국에서 배터리를 생산할 수 있게 됐다.

세계 최대 전기차 시장이면서 자국이 생산한 배터리를 주로 탑재하는 중국을 제외하면 한국 기업들의 글로벌 시장점유율은 50%를 훌쩍 넘는다. SNE리서치에 따르면 2022년 기준 중국 시장을 제외한 글로벌 전기차 배터리 시장점유율 1위는 LG에너지솔루션으로 점유율이 29.7%에 달한다. CATL이 22.3%로 2위, 파나소닉 17.1%로 3위, SK온 12.7%로 4위, 삼성SDI가 11.0%로 5위다.

높아지는 글로벌 K배터리 의존도

2019년 노벨 화학상은 리튬이온전지 개발에 기여한 3명의 과학자에게 돌아갔다. 수상자 중 요시노 아키라 일본 메이조대 교수는 1985년 세계 첫 상용 리튬이온배터리를 만든 공로를 인정받았다. 요시노 교수는 아사히카세이라는 일본의 이차전지 소재 기업 연구

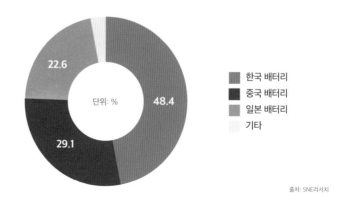

2022년 중국 시장을 제외한 글로벌 시장의 배터리 점유 현황

22.6

단위: %

48.4

29.1

■ 한국 배터리
■ 중국 배터리
■ 일본 배터리
□ 기타

출처: SNE리서치

원이었다. 요시노 교수 덕분에 일본은 1990년대 이차전지 시장을 장악했다. 당시 파나소닉과 소니, 산요전기 등 일본 기업들의 글로벌 이차전지 시장점유율은 90%를 웃돌았다.

　한국에서는 LG화학이 럭키금성 시절이던 1992년부터 이차전지 연구를 시작했다. 1996년 LG화학으로 연구조직이 통합되면서 이차전지 개발을 본격적으로 시작했다. 1998년에는 국내 기업 최초로 리튬이온배터리 대량생산 체제를 구축했다. 2000년에는 세계 최초로 전기차에 탑재할 수 있는 대형 리튬이온배터리 개발에 나섰다. 삼성SDI도 1994년부터 리튬이온전지 사업화에 들어갔다. 삼성SDI는 LG화학보다 늦었지만 고용량 제품을 출시하며 소형전지 시장에서 두각을 나타내기 시작했다.

　이차전지 시장조사기관 IIT에 따르면 2006년 일본 기업들의 이차전지 시장점유율은 52%, 한국이 24%, 중국이 18%였다. 2008년에는 일본 47%, 한국 25%, 중국 24%였다. 2000년대 초까지 일본 기업들의 점유율이 90%였던 점을 감안하면 LG화학과 삼성SDI를 중심으로 한국 기업들의 추격이 매우 빠르게 이뤄졌음을 알 수 있다.

한국의 배터리 제조사들이 글로벌 시장을 장악하면서 자연스럽게 국내 중소, 중견기업을 중심으로 밸류체인이 완성되고 있다. 에코프로비엠을 비롯해 엘앤에프는 물론 양극재와 음극재를 공급할 수 있는 포스코케미칼과 같은 소재 기업이 이차전지 시장의 새로운 강자로 떠오르고 있다. 유럽의 배터리 제조사들이 한국의 설비와 소재를 찾는 일도 늘어나는 추세다. 비록 리튬이나 코발트, 알루미늄처럼 한국의 이차전지 제작에 필요한 원료가 풍부하지는 않지만 소재부터 완제품까지, 그리고 최근에는 폐배터리 재활용 기업들까지 등장하면서 이차전지 밸류체인이 보다 단단해지고 있다.

이차전지는 기술이 복잡하고 다양한 요소가 제품에 영향을 미치는 산업으로 꼽힌다. 초기 시행착오가 많을 수밖에 없는 만큼 투자의 결실이 언제 돌아올지 알 수 없다. LG에너지솔루션이 전기차 배터리 부문에서 흑자를 낸 것은 연구를 시작한 지 20년 만의 일이었다. 삼성SDI 역시 16년이 걸렸다. 장기간 지속적으로 투자한 결과, 이제는 한국 이차전지 기업들이 글로벌 이차전지 시장을 지배할 수 있게 됐다. 최고경영자 결정에 따라 인내하면서 투자하는 한국 기업의 독특한 기업 문화도 긍정적인 영향을 미쳤다.

오랜 기간 쌓아온 경험과 기술, 투자는 다른 기업들에게 높은 진입장벽으로 작용한다. 유럽은 한국산 배터리 의존도를 줄이기 위해 '유럽배터리연합'을 결성하고 각국이 십시일반해 배터리 원자재 확보, 배터리 제조업체 육성 등을 추진하고 있다. 이를 통해 노스볼트, ACC 등 각국에서 많은 배터리 기업들이 생겨나고 있지만 아직은 걸음마 단계다.

유럽 배터리 제조사들의 2025년 예상 시장점유율은 4%, 생산능력은 102GWh(기가와트시) 정도에 불과하다. LG에너지솔루션의 2025년 예상 생산능력 520GWh에 비교하면 5분의 1 정도 되는 규모다. 유럽 기업 중 가장 앞서 있다고 평가받는 노스볼트는 2021년 12월부터 배터리 생산을 시작했는데 여전히 수율이 낮아 설비를 한국산으로 교체하는 등 진통을 겪고 있다. 글로벌 전기차 메이커들의 K배터리에 대한 높은 의존도가 상당 기간 바뀌기 힘든 구도인 셈이다.

단군 이래 최대 무기 수출
K방산

　'번개 사업'. 1971년 국방과학연구소가 박정희 대통령 지시로 시작한 병기개발사업 이름이다. 1950년 6·25 전쟁 이후 한국의 국방은 전적으로 미군에 의지했다. 그러다가 1968년 북한 무장간첩이 청와대 바로 앞까지 쳐들어온 '김신조 사건'과 북한이 미국 해군 '푸에블로호'를 납치하는 사건이 잇달아 발생하면서 자주국방이 더욱 절실해졌다.

　'국방정책연구'에 실린 논문 '한국 방위 산업의 40년 발전 과정과 성과'에 따르면 1970년 1월 박정희 대통령은 국방력 강화를 위해 방위 산업 육성 부서 설치를 지시했고 같은 해 8월 국방과학연구원이 설립됐다. 국방 연구와 무기 생산도 일사천리로 진행됐다. 1971년 11월 병기개발 기본 방침이 수립됐고 곧바로 병기개발사업, 즉 번개 사업이 시작됐다. 로켓포, 카빈총, 박격포 등 1차 시제

품은 한 달 만인 같은 해 12월 개발됐고 성능에 이상이 없음을 확인
했다. 1972년 1월부터 병기생산이 시작됐고 1972년 4월에는 2차
시제품 평가까지 마무리됐다. 말 그대로 '번개'처럼 이어진 한국의
무기 개발 과정이었다.

번개 사업을 통해 국방 분야에서 "우리도 할 수 있다"는 자신감
을 갖게 된 한국은 이후 다양한 무기 개발에 연달아 성공하며 서서
히 국방력을 끌어올렸다. 그리고 2022년 한국은 새로운 이정표를
세웠다. 170억 달러(약 22조 4,000억 원)라는 어마어마한 방산 수출
을 이뤄낸 것이다. 2020년까지 방산 수출은 연평균 30억 달러 수
준이었다. 그러다 2021년 72억 5,000만 달러로 급증하더니 폴란드
에 한국 무기를 대거 수출한 2022년에 역대급 방산 수출 기록을 세
웠다. 한국의 무기 수입 규모는 연간 50억 달러 내외인데, 2021년

부터 방위 산업 부문에서 흑자전환에 성공했다. 한국이 방위 산업에 뛰어든 1970년대 이후 처음 있는 일이다.

한국 무기와 사랑에 빠진 폴란드

한국이 2022년에 역대급 방산 수출을 달성한 데는 폴란드 수출의 영향이 컸다. 2022년 한 해 동안 폴란드에만 124억 달러 규모의 무기를 수출했다. 한화에어로스페이스의 K9 자주포 648문(24억 달러)과 K239 다연장로켓 288문(60억 달러), 현대로템의 K2 전차 980대(33억 6,000만 달러), KAI의 FA-50 경공격기 48대(30억 달러) 등이다.

폴란드가 한국산 무기를 대거 구입한 배경 이면에는 2022년 2월 러시아의 우크라이나 침공에 따른 위기의식이 작용했다. 러시아와 국경을 접하고 있는 폴란드 입장에서 러시아의 군사위협에 맞서려면 단시일 내에 국방력을 확 높여야 하는 상황이었다. 폴란드는 우크라이나에 자주포와 장갑차 등 무기를 지원하면서 보유 무기가 슬슬 바닥나기 시작했다. 무기 공백을 빠르게 채워야 하는 상황에서 폴란드의 눈에 들어온 국가가 한국이었다. 단기간에 대량의 무기를 안정적으로 공급할 수 있으면서 가격경쟁력도 높은 방산 기업이 필요했고 전 세계 방산 기업들 중 이 같은 조건을 충족하는 곳은 한국이 유일했다. 미국의 방산 기업들은 가격이 비쌌을 뿐 아니라 제조, 생산에 오랜 시간이 걸렸고 프랑스와 독일 등 유럽 방산기업들 역시 마찬가지였다.

미국 정부가 운영하는 방송 미국의 소리VOA는 한국 기업들의 폴란드 대규모 무기 수출과 관련해 "한국의 틈새시장 공략이 주효했다"고 분석했다. VOA는 해외의 여러 군사 전문가들을 인용해 "2000년대부터 방산 시장을 적극 두드려온 한국이 미국 등 시장 선점 국가들과 직접 경쟁하는 대신 값비싼 미국 장비를 구매하기 어려운 나라들에 대안을 제공하는 전략을 택했다"고 평가했다. 또 한국 무기가 가격경쟁력을 갖고 있으면서 품질도 떨어지지 않는다고 덧붙였다.

전차 K2 첫 수출한 현대로템

2022년 폴란드 무기 수출 때 눈에 띄는 기업은 단연 현대로템이었다. 기차와 지하철 객차 등을 생산하는 '철도 기업'으로만 알려져 있던 현대로템은 폴란드에 전차 K2를 수출하면서 글로벌 방산 시장에 화려하게 데뷔했다.

2022년 8월 현대로템은 폴란드와 4조 4,992억 원 규모의 전차 K2 수출계약을 맺었다. 한국 유일의 전차 생산 기업 현대로템은 1976년 전차생산 1급 방산업체로 지정되면서 본격적으로 한국형 전차 개발을 시작했다. 1984년에는 최초의 한국형 전차 K1을 개발했다. 2014년에는 차세대 전차인 K2 양산과 실전배치에 들어갔다.

K2에 적용된 120mm 활강포는 현재 북한이 보유하고 있는 대다수의 전차를 파괴할 수 있을 만큼 강력한 화력을 자랑한다. 또 기존 전차의 경우 승무원 4명이 필요했지만 자동장전장치를 채택함으로써 승무원 3명으로도 완벽하게 임무를 수행할 수 있도록 제작됐다. 포장도로에서는 시속 70km, 들판 지대에서는 시속 50km의 속도를 낼 수 있다. 전투 중 아군과 적군을 쉽게 구별할 수 있는 '피아식별장치', 움직이는 목표물을 고려해 자동으로 추적이 가능한 '자동 추적 기능'을 비롯한 첨단 기술이 적용됐고, 수심 4.1m까지 잠수할 수 있는 능력까지 갖췄다.

한국이 독자기술로 개발한 K2는 현재 한국군의 주력전차로 활약하고 있으며 성능에 있어서도 세계적인 전차와 어깨를 나란히 하고 있다. 독자적인 개발로 핵심기술뿐 아니라 생산 인프라까지 갖추고 있다. 수요자의 요구에 빠르게 대응할 수 있어 '맞춤형 전차' 생산도 가능하다.

현대로템의 생산능력은 폴란드 수주에서도 빛을 발했다. 2023년 3월에 현대로템은 K2 5대를 폴란드로 보냈는데 당초 일정보다 3개월이나 빠른 공급이었다. 현대로템은 업무량이 집중되는 팀을 중심으로 인력을 재배치하고, 특별연장근로를 활용하는 방식으로 업무 효율을 극대화해 K2를 신속하게 출고할 수 있었다. 무기가 급한 폴란드는 한국의 빠르고 안정적인 생산력을 원했고, 현대로템은 조기납품을 통해 폴란드의 선택이 틀리지 않았음을 입증했다.

세계 자주포 시장 석권한 한화

　폴란드 무기 수출에서 가장 큰 역할을 한 기업은 한국 방산의 역사와도 같은 '한화그룹'이다. 한화그룹의 방산계열사 한화에어로스페이스는 1977년 삼성정밀공업으로 시작했다. 2000년 삼성테크윈으로 사명을 바꿨고 삼성에서 한화그룹으로 인수된 2015년 6월 한화테크윈으로 사명을 변경했다. 2017년 한화에어로스페이스로 또 한차례 이름을 변경한 뒤에는 한화디펜스까지 흡수·합병하고 한화의 방산을 전담하는 계열사로 자리매김했다.

　한화에어로스페이스가 생산하는 자주포 K9은 1999년 한국군에 첫 실전 배치됐다. 155mm, 52구경장(포신 길이 약 8m) 자주포로는 독일에 이어 세계에서 2번째로 개발됐다. 사거리는 40km이며 자동 사격통제체계 탑재로 사격 명령 접수 30초 이내에 첫 탄 발사가 가능하다. 급속 발사하면 3분간 6~8발, 1시간 연속 발사하면 분당 2~3발 사격을 지속할 수 있다.

　세계 최고의 성능을 갖췄다는 평가를 받고 있는 자주포 K9의 세계 시장점유율은 50% 이상으로 글로벌 자주포 시장점유율 1위를 달리고 있다. 한화에어로스페이스는 2022년 폴란드 정부와 자주포 K9, 155mm 탄약류 등을 공급하는 3조 2,000억 원 규모의 계약을 체결했다. 자주포 K9을 폴란드에 차질 없이 인도할 경우, 2023년에는 글로벌 자주포 수출 시장점유율이 70%에 달할 전망이다. 사실상 글로벌 자주포 시장을 좌우하는 셈이다.

KAI의 FA-50

　KAI는 1999년 IMF 외환위기 당시 적자에 시달리던 삼성항공, 현대우주항공, 대우중공업 항공사업본부 등 3사를 합병해 설립한 회사로 한국을 대표하는 항공업체다. 설립 직후부터 항공 산업 불모지였던 한국에서 KT-1, 고등훈련기 T-50, 경공격기 FA-50, KUH 수리온 기동헬기 등 항공기를 개발하고 생산하는 역할을 담당했다. 비행기 외에 다목적 실용위성, 차세대 중형위성, 정지궤도 복합위성 등 다양한 위성개발에도 참여하고 있다. 최근 시험 비행에 성공한 한국형 차세대 전투기 'KF-21 보라매'의 양산이 시작되면 자체 기술로 전투기를 개발·생산하는 8번째 국가로 이름을 올릴 수 있게 된다.

KAI는 폴란드에 경공격기인 FA-50을 48대 수출할 예정인데, 이는 2011년 처음으로 국산 초음속 고등훈련기인 T-50 수출을 시작한 이후 사상 최대 규모일 뿐 아니라 첫 유럽 진출이라는 점에서도 의미가 크다. FA-50은 특수전술, 전투임무가 가능하고 F-16과 호환성이 높다. 또 F-35로 불리는 5세대 전투기 교육 훈련에도 적합하다는 평가를 받고 있다.

NATO 정상회의에 한국 대통령 첫 초청

2022년 스페인에서 개최된 '북대서양조약기구NATO' 정상회의에 윤석열 대통령이 참석했다. 한국이 NATO 정상회의에 참석하는 것은 NATO 창설 73년 만에 처음 있는 일이었다.

NATO는 1949년 만들어진 미국과 유럽 중심 안보체제다. 이 회의에 한국을 초청했다는 것은 국제 정치·외교적으로도 의미가 크다. 러시아의 우크라이나 침공으로 국제 정세가 불안하고 미·중 갈등이 첨예하게 지속되고 있는 상황에서 미국과 유럽 안보 협력체가 한국에 손을 내민 것이기 때문이다. 한국의 NATO 정상회의 참석은 한국의 달라진 국제적 위상과 함께 K방산 잠재력에 대한 NATO 국가들의 관심을 보여준다. 단순히 한국의 국제적 위상이

커져서 NATO 초청을 받은 게 아니다. 우크라이나 전쟁에 화들짝 놀란 유럽 국가들도 국방력을 강화해야 할 필요성이 커졌다. 이때 K방산이 NATO 무장에 상당한 기여를 할 수 있을 것으로 보고 윤 대통령을 초청한 것이다. 한국을 NATO의 잠재적인 안보 국방 파트너로 본 것이다.

그럴 만도 한 게 북한과 대치하면서 키워온 K방산은 상당한 경쟁력을 갖고 있다. 미국 주간지 〈US 뉴스&월드 리포트USNWR〉가 2023년 1월 공개한 '2022년 가장 강력한 국가' 순위에서 한국은 6위를 차지했다. 2021년 8위에서 두 계단 상승했다. '가장 강력한 국가'는 지도자, 경제적 영향력, 정치적 영향력, 강력한 국제 동맹, 강력한 군사력, 수출 등 여섯 가지 지표를 점수화하는 방식으로 순위를 매긴다. 한국은 지도자(22.5점), 경제적 영향력(79.8점), 정치적 영향력(48.6점), 강력한 국제 동맹(66.4점), 강력한 군사력(79.1점), 수출(84점) 등 총 64.7점을 받았다. 1위는 미국(100점)이었고 2위는 중국(96.3점), 3위는 러시아(92.7점)였으며 그 뒤를 독일(81.6점), 영국(79.5점)이 각각 차지했다. 한국에 이어서는 프랑스, 일본, 아랍에미리트, 이스라엘이 7위부터 10위까지 이름을 올렸다.

군사력만 따져도 한국은 강국으로 분류된다. 미국의 군사력 평가업체인 GFPGlobal Firepower는 2006년부터 매년 세계 각국의 군사력을 비교해 순위를 매긴다. 2023년 기준으로 1위는 미국, 2위는 러시아이고 중국, 인도, 영국에 이어 한국은 6위에 이름을 올리고 있다. 한국에 이어 파키스탄과 일본, 프랑스, 이탈리아가 10위 안에 들어 있다. 한국은 2016년과 2017년 11위에 머물렀지만 2018년 7위에 올라선 이후, 2019년부터 6위 자리를 꾸준히 유지하고 있다.

GFP는 핵무기를 제외하고 무기와 병력, 국방비 등 40여 개 항목을 종합해 순위를 매긴다. 핵무기를 빼고 군사력과 관련된 지표를 단순화해 비교한다는 점에서 GFP 순위를 비판하는 목소리도 있지만 군사력을 가늠할 수 있는 기본적인 지표로는 활용할 수 있다. 그런 점에서 한국의 국방력은 상당한 수준으로 이미 올라섰다고 평가할 수 있다.

국방기술진흥연구소가 발간한 《2022 세계 방산 시장 연감》에 따르면 2021년 한국은 국방비로 500억 달러를 지출해 미국과 중국, 인도, 영국 등에 이어 10위에 올랐다. 세계 100대 방산기업의 국가별 무기 판매 순위에서도 한국의 4개 방산 기업이 65억 달러어치의 군수물자를 수출하면서 이 부문에서도 10위에 이름을 올렸다.

한국은 미래 국방력과 관련해 가장 중요한 '국방과학기술' 부문에서도 상위권을 유지하고 있다. 국방기술진흥연구소가 2022년 발간한 《국가별 국방과학기술 수준조사서》에 따르면 한국은 국방과학기술 부문에서 미국과 러시아, 프랑스, 독일, 영국, 중국, 이스라엘, 일본에 이어 9위다. 정부 통계에 따르면 2022년 한국 육군 병력은 36만 5,000명이고 해병대를 포함한 해군 7만여 명, 공군 6만 5,000여 명을 포함하면 총 병력은 50만여 명에 달한다. 전차 2,200여 대, 장갑차 3,100여 대, 야포 5,600여 문, 전투기 410여 대, 헬기 700여 대, 예비 병력은 310만 명이다.

방위성금 모아서 지켜낸 한국, 방산단지로 다진다

1968년 북한 무장공비들이 청와대로 쳐들어온 '김신조 사건' 이후 정부는 무기 개발에 필요한 자금을 모으기 위해 1973년부터 방위성금을 걷기 시작했다. 북한 도발에 대응하기 위해서는 많은 무기가 필요한데, 당시 정부의 재정만으로는 감당할 수 없었기 때문이다.

지금 세대들은 믿기 어렵겠지만 당시에는 학교나 시청, 군청 등 여러 기관에서 방위성금을 모았다. 기업들 역시 직원들의 이름 또는 대표 명의로 방위성금을 모아 정부에 전달하기도 했다. 국가기록원에 따르면 1973년부터 1988년 9월 폐지될 때까지 609억 원의 방위성금이 모였다. 방위성금은 전투기 F-4D와 헬리콥터 500MD 구입은 물론 한국형 장갑차 개발 등에 투입됐다.

이제 K방산은 우리나라의 신성장동력이 될 수 있는 하나의 산업으로 자리매김했다. 윤석열 정부는 방위 산업을 글로벌 비즈니스로 키우기 위해 창원 방산단지 건설계획을 발표했다. 윤 대통령은 2023년 3월 15일 국가 첨단산업단지 신규 조성 계획을 밝히며 "방위 원자력 등 주력산업 육성과 수출 촉진을 위해 창원을 국가산업단지 후보지로 선정했다"고 밝혔다.

창원에 들어서는 방위 원자력 국가산업단지는 2030년까지 1조 4,000억 원의 사업비를 투자해 약 339만㎡(103만 평) 규모로 조성될 예정이다. 경상남도에 이미 방산 수출의 국가대표라 할 수 있는 전차 K2와 자주포 K9은 물론 경전투기 FA-50 생산 공장이 자리 잡고 있는 만큼 방위 산업과 관련한 밸류체인이 갖춰져 있는 상태다. 또 창원에는 현대로템과 한화에어로스페이스 등 국가 지정 방산업체 17개가 자리 잡았고 두산에너빌리티 등 원자력 산업 핵심 기업과 다수의 협력사도 입주해 있다.

초대형 여객기 A380을
보유한 나라

-10조 vs 2,383억 원

코로나19가 세계를 강타하던 2020년, 전 세계 항공사 중에서 유일하게 흑자를 기록한 기업이 있다. 대한민국 국적기로도 불리는 '대한항공'이다. 델타항공, 아메리칸항공, 유나이티드항공 등 미국 주요 항공사들이 적게는 60억 달러(8조 원), 많게는 120억 달러(16조 원)의 영업적자를, 일본 민간 항공사 '전일본공수'도 30억 달러(4조 원)에 달하는 적자를 기록했다. 그런데도 대한항공은 흑자를 냈다. 조원태 대한항공 회장은 아태지역 유력 항공 전문매체인 오리엔트 에비에이션으로부터 '올해의 인물'로 선정되기도 했다. 전 세계 항공사에 대체 무슨 일이 있었던 것일까.

2020년 초 코로나19 확산으로 전 세계 항공 수요는 빠르게 위

축됐다. 이미 3월부터 국내 항공사도 노선 운휴와 감편으로 여객기 대다수가 공항에 발이 묶인 상태였다. 코로나19 확산으로 해외 여행에 나설 엄두도 내지 못하면서 가장 먼저 타격을 받은 분야가 바로 항공사였다. 비행기는 보관만 해도 돈이 줄줄 새어 나간다. 비행기가 뜨지 못하면서 항공사 적자 규모가 눈덩이처럼 불어나기 시작했다. 항공기를 많이 보유한 덩치 큰 항공사들이 더 큰 손해를 본 이유다.

규모 면에서 세계 10위권 항공사인 대한항공도 바짝 긴장할 수밖에 없었다. 대한항공은 여객수요는 줄어도 수출이 많은 한국 경제 구조의 특성상 항공기 화물 운송은 더 늘어날 수 있다는 점에 착안했다. 실제로 코로나19로 사람이 오갈 수 없는 상황에서 화물 운송은 수요가 더 늘었다. 대한항공은 보유 중이던 23대의 대형 화물기를 모두 가동했다. 또 여객기 좌석을 뜯어내고 공간을 확보한 뒤 그곳에 화물을 넣어 짐을 날랐다. 임직원도 고통 분담에 동참했다. 전체 직원의 70%에 달하는 1만여 명이 돌아가며 한 달씩 직장을 쉬었다. 임원들도 급여를 최대 50% 반납했다.

여객 좌석을 줄이고 화물운송을 늘리는 신의 한 수로 대한항공은 국제선 여객기가 전면 중단된 상황에서도 2020년 한 해 2,383억 원의 영업수익을 올리는 깜짝 실적을 일궈냈다. 코로나19라는 전대미문의 팬데믹 속에서 세계 항공사들이 몸살을 앓고 있을 때, 대한항공은 화물 수송 확대와 함께 아시아나항공 인수를 결정하면서 위기를 기회로 바꿔나갔다. 유상증자 등 적극적인 자본 확충 노력으로 오히려 부채비율을 200%대까지 낮추기도 했다.

2021년 6월 대한항공은 세계적 항공매체 'Air Transport World' 로부터 2021년 올해의 항공사로 선정됐다. 올해의 항공사는 항공 업계의 '오스카상'으로 불릴 정도로 권위를 인정받는 상이다. 명실 공히 세계 최고의 항공사 반열에 이름을 올린 것이다.

반면 대한항공처럼 기민하게 움직이지 못한 미국의 델타, 아메 리칸에어라인, 프랑스와 네덜란드 합작사 에어프랑스·KLM그룹 은 운영자금 부족사태에 직면해 정부로부터 수십조 원의 공적자금 을 지원받아야 했다.

A380 보유한 8개 나라 중 하나

1969년 3월 만성적인 적자에 허덕이던 국영 '대한항공공사'를 인수해 한국 민간항공 시대를 연 대한항공은 이제 세계 항공업계 를 선도하는 글로벌 항공사로 성장했다. 출범 당시 구형 프로펠러 기 7대와 제트기 1대뿐이었던 대한항공은 50년 만에 166대의 항 공기를 보유해 세계적으로도 손꼽히는 대형항공사로 발돋움했다. 1969년 36억 원에 불과했던 매출은 이제 10조 원을 넘어선다. 국 제선 취항 도시도 출범 초기 일본 3개 도시뿐이었지만 지금은 42개 나라 107개 도시 노선으로 급팽창했다.

대한항공은 1970년대 척박한 환경 속에서 글로벌 항공사로 거듭나기 위해 과감한 투자를 단행했다. 당시 선진 외국 항공사들이 대형 제트기를 잇달아 도입하자 대한항공도 프로펠러기가 아닌 제트기 도입을 결정했다. 이후 2년 만에 YS-11이라는 신형 제트기를 8대 들여왔다. 1972년에는 보잉747을 도입했다. 큰 여객 수요가 없는 상황에서 엄청난 자금을 투입해야 하는 결정이었다. 일각에서는 무모한 도전이라는 우려도 있었지만 대한항공은 늘어나는 수요를 감당하려면 미리 준비해야 한다고 판단했다.

2003년에는 한때 항공사들이 너무 고가여서 바라보기만 할 수밖에 없다던 초대형 여객기 A380 도입에 나섰다. 2022년 말 기준으로 세계에서 A380을 보유한 항공사는 영국의 브리티시 항공, 에미레이트 항공, 호주의 콴타스 항공, 카타르 항공, 싱가포르 항공, 그리고 대한항공과 아시아나 등 8개 사에 불과하다. A380 도입계획을 밝힌 독일 루프트한자와 아랍에미리트 에티아드항공을 더해도 A380을 보유한 항공사는 10곳에 그친다.

길이 73m, 폭 79m, 최대 좌석 수 853석, 연료 탑재량만 32만 리터에 달하는 A380은 한 대 가격이 4,000억 원에 달하는 초대형 항공기다. 에어버스가 개발해 처음 시장에 내놨을 때인 2000년 초만 해도 하늘 위의 호텔이라는 별명을 가질 정도로 인기를 끌었다. 다만 한 달 보관료만 7억 원에 달하고, 점검을 비롯한 유지에도 상당한 비용이 소요되는 만큼 모든 항공사가 A380을 보유할 순 없었다. A380 보유는 항공사를 '대형'과 '중견'으로 나누는 기준이 되기도 했다. 대한항공은 2003년 발 빠르게 A380 도입을 추진한 결과 2011년 1호기를 인도받았다. 이렇게 대한항공은 세계에서 여섯 번째로 A380을 운항하는 항공사로 이름을 올리게 됐다. 특히 동북아지역 항공사 중에서는 최초로 A380을 운영하는 항공사가 되면서 프리미엄 시장에서 경쟁력을 높일 수 있었다.

대한항공은 영국의 세계적인 항공사 품질 평가 컨설팅 기관인 '스카이트랙스SKYTRAX'로부터 '2022년 세계 최고 항공사2022 World's Best Airline' 9위에 올랐다. 스카이트랙스는 매년 항공기 기내식과 기내 엔터테인먼트, 좌석 안락도, 직원 서비스, 가격 만족도 등의 요소를 종합적으로 평가해 세계 최고의 항공사를 선정한다. 2019년 34위, 2020년 22위, 2021년 13위였던 대한항공은 이제 명실공히 세계 10대 항공사 반열에 올랐다.

세계 최고의 공항, 인천국제공항

2022년 4월 구독자 수 4,000만 명에 달하는 멕시코의 유명 유튜버 루이시토 코뮤니카Luisito Comunica의 유튜브에 한국인에게는 낯익은 장면이 보였다. 인천공항이었다. 그는 한국을 경유하는 과정에서 인천국제공항에 머물렀는데, 당시 경험을 영상으로 올려 큰 화제가 됐다.

루이시토는 인천국제공항의 안내로봇인 '에어스타'에 대해 연신 감탄했다. 스스로 움직이며 공항 이곳저곳을 돌아다니는 에어스타는 말을 걸면 대답하고, 터치스크린을 조작하면 인천공항을 찾은 방문객들에게 다양한 정보를 제공한다. 항공편을 말하면 체크인 카운터를 알려주고 원할 경우에는 길 안내도 해준다. 루이시토는 인천국제공항을 둘러본 뒤 "최고의 공항은 카타르 공항이라 생각했지만 인천국제공항이 더 인상적인 것 같다"며 극찬했다. 그의 영상에 수많은 댓글이 달리며 인천국제공항에 대한 세계인들의 관심이 커졌다. 공항은 그 나라의 첫인상을 좌우한다. 공항에서 받은 인상은 여행이건, 출장이건 그 나라에서 머무는 동안 큰 영향을 줄 수밖에 없다. 인천국제공항은 그런 점에서 한국의 장점을 단기간에 잘 보여주는 장소이기도 하다.

우선 인천공항에선 IT 강국답게 인터넷이 빠르다. 공항 전 지역에서 와이파이가 가능하고 공항 곳곳에 자리 잡은 통신사를 방문하면 저렴한 가격으로 무제한 인터넷을 즐길 수 있다. 좀처럼 남의 물건에 손을 대지 않는 한국의 문화도 경험할 수 있다. 인천국제공항 내에 있는 화장실에 갈 때나, 상점 혹은 식당에 들어갈 때 무거운 캐리어를 문밖에 놓아두어도 잃어버릴 걱정은 하지 않아도 된다.

동북아 국제공항 중 가장 빠른 입·출국 수속 시간도 자랑거리다. 외국인들 입장에서 인천국제공항의 속도는 경이로움이다. 2016년 미국 매체 〈비즈니스인사이더〉의 페이스북 페이지는 인천국제공항을 경유하는 영상을 보여줬는데, 영상 제작자는 감탄을 연발했다. 깨끗하고 현대적인 디자인과 편안한 의자는 기본이고 어디서든 스마트폰과 노트북을 충전할 수 있는 플러그인까지. 청

결한 화장실과 깔끔한 쇼핑몰은 덤이었다.

한국의 첫 국제공항은 '여의도'였다. 일제강점기 당시 공군기지와 훈련장으로 사용되던 여의도공항이 1953년 한국의 첫 국제공항이 됐고 1958년에 김포국제공항이 탄생했다. 당시만 해도 비행기를 타고 해외여행을 간다는 인식이 부족했던 가난한 시절이었다. 급속한 경제 발전과 함께 이용객이 조금씩 늘어나기 시작하면서 1960년대 후반부터 김포공항을 대체할 신공항 건설이 정부의 주요 과제로 떠올랐다. 특히 김포공항이 도심 근처에 있는 만큼 소음과 관련된 민원이 잦았다. 1969년부터 신공항에 대한 1차 타당성 조사가 시작됐고, 21년 만인 1990년에 신공항부지로 인천 영종도가 최종 낙점됐다.

1992년부터 2000년까지 1단계 건설을 진행한 결과 인천국제공항은 2001년 3월 개항했다. 1단계 건설 사업비는 5조 6,323억 원이었는데 공항 건설에 소요된 설계도면만 45만 장에 달했다. 이 종이를 쌓으면 15층 아파트와 맞먹는다고 한다. 간석지를 매립한 부지 규모는 여의도 면적의 18배에 달했다. 여객터미널 면적은 축구장 60개를 붙여놓은 수준이었다. 2002년부터 2008년까지 이어진 2단계 건설 사업에는 3조 원이 투입됐으며 A380과 같은 초대형 항공기의 이착륙이 가능한 활주로 건설, 탑승동과 화물터미널 증축 등이 이어졌다.

인천국제공항이 갖고 있는 타이틀은 무수히 많다. 2011년 제정된 국제공항협의회ACI의 '명예의 전당Roll of Excellence'에 전 세계 1,800개

공항 중 '최우수 공항'으로 등재됐다. '세계 공항 서비스 평가ASQ, Airport Service Quality'에서는 개항 5년 만인 2005년부터 12년 동안 1위 자리를 놓치지 않았다. 전 세계 항공사 조종사들을 대상으로 이뤄진 운항 서비스 만족도 조사에서도 2012년 이후 6년 연속 1위에 올랐다. 2022년에는 국제항공협의회 고객경험인증 프로그램 최고단계인 5단계 인증패를 수상했다. 세계 최초로 거둔 성적이다.

중동 아시아 랜드마크
싹쓸이한 K건설

1992년 착공해 1998년 완공된 말레이시아의 '페트로나스 트윈타워'. 이름에 걸맞게 이 타워는 똑같은 두 개 동으로 구성된 높이 451.9m의 마천루다. 대만 타이베이101이 지어지기 전인 2003년까지는 인류가 만든 가장 높은 건물이었다.

한·일전이 치열했던 페트로나스 트윈타워 건설

"일요일, 휴가를 모두 반납하고 일본을 이기기 위해 애썼다. 해외에만 나가면 모두 애국자가 되더라."

1992년 착공과 함께 예상치 못한 곳에서 한국과 일본 간의 자존심 대결이 벌어졌다. 말레이시아 정부가 타워1은 일본의 하자마건

삼성물산이 일본 건설사와 경쟁하며 지은 말레이시아 페트로나스 트윈타워

설에, 타워2는 한국 삼성물산에 시공을 맡긴 것이다. 1990년대, 한 국과 일본 사이에 경쟁심리가 지금보다 더 강하면 강했지 덜하지 않았던 시기였다. 하지만 하자마건설은 세계적인 건설사였고 삼성 물산은 초고층 건물 건설 경험이 전무해서 불리한 상황이었다. 수 주가 늦어지면서 삼성물산의 착공시점도 하자마건설에 비해 35일 이나 늦었다. 많게는 8층, 적게는 4층의 간격을 두고 공사 기간 내 내 삼성물산이 하자마건설 뒤를 쫓았다.

삼성물산은 이를 악물고 승부를 걸었다. 모든 직원이 휴가도 쓰 지 않고, 일요일에도 출근해 타워1을 바라보며 일을 했다고 한다.

콘크리트 타설을 앞두고는 말레이시아 감독관을 찾지 못해 승인받지 못하자 직원들이 시내 곳곳의 술집을 돌아다니며 감독관을 찾아내 결국 승인을 받아낸 일화가 있을 정도다.

삼성물산은 다양한 신공법을 도입해 일본에 뒤졌던 격차를 단숨에 뒤엎고 일본보다 먼저 타워1을 준공했다. 전 세계, 아니 한국에서조차 예상하지 못했던 승리였다. 심지어 일본은 건물을 25mm가량 기울게 지으면서 체면을 구겼다. 마지막 관문인 건물 최상부 '첨탑'에까지 경쟁이 이어졌다. 이 첨탑을 제대로 만들어야 세계 최고층 높이에 도달할 수 있었기 때문이다.

이 작업의 핵심은 용접. 일본은 본국에서 용접기술 장인으로 불리는 사람을 공수해왔다. 삼성물산도 가만히 보고 있지만 않았다. 역시 휴가도 반납하고 전 직원이 상주했다. 마지막 며칠은 건물 꼭대기에서 식사를 해결하고 특히 마지막 3일은 밤을 새워가며 공사에 올인했다. 마침내 1996년 3월 6일 새벽, 삼성물산은 하자마건설보다 열흘이나 앞서 세계 최고 높이에 도달했다.

페트로나스 트윈타워가 분기점이었다. 이후 K건설사들은 세계 곳곳에서 랜드마크 건물 수주를 싹쓸이하며 건설 기술력을 세계에 과시하고 있다. 현재까지 인류가 만든 가장 높은 건물은 높이 828m에 달하는 UAE의 '부르즈 칼리파'다. 사용된 철근의 길이만 2만 5,000km로 한 줄로 이으면 한국에서 미국까지 갈 수 있을 정도다. 연면적은 잠실운동장의 56배. 이 빌딩 역시 삼성물산이 지었다. 삼성물산은 벨기에의 베식스, UAE의 아랍텍과 컨소시엄을 이려 부르즈 칼리파 건설을 시작했는데 높이 500m 이상부터는 삼성물산이 단독으로 건설했다. 삼성물산이 부르즈 칼리파를 건설하면서 사용했던 공법들은 이제 세계 건설사들이 활용하는 초고층 건축의 표준이 됐다.

이런 건물도 만들 수 있어? 현대건설·쌍용건설

삼성물산뿐만이 아니다. 20세기 최대 프로젝트로 불렸던 1976년 사우디아라비아 주베일 산업항만 공사를 수주한 현대건설은 카타르 수도 도하에 있는 국립박물관을 지으며 삼성물산과는 또 다른 방식으로 K건설의 기술력을 세계에 뽐냈다. 세계적인 건축가 장 누벨이 '사막의 장미'를 모티브로 설계한 카타르 국립박물관은 '금세기 최고의 걸작'이라고 평가받을 정도로 건물 외관이 독특하다. 316개의 원형 판을 붙여 마치 꽃잎처럼 만든 외관은 어지간한 건설사는 엄두도 낼 수 없는 설계였다. 원형 판에 7만 6,000장의 콘크리트 패널을 꽂아 꽃잎을 만들었는데, 꽃잎 하나를 만드는 데 무려 4개월이 걸렸다. 협력사들이 기술적 어려움을 토로하며 공사를 포기하는 일도 있었다. 하지만 현대건설은 '시공 자체가 위대한 도전'이라 불린 국립박물관 공사를 성공적으로 마무리했다.

쌍용건설도 해외시장을 누비고 있다. 싱가포르 마리나 베이 샌즈 호텔은 건물 자체가 52도 각도로 기울어진 설계 때문에 건설

쌍용건설이 지은 싱가포르 마리나 베이 샌즈 호텔

사들이 엄두를 내지 못했다. 2007년 입찰 당시 전 세계에서 우수한 기술력을 보유했다고 평가받는 14개 건설사가 도전장을 내밀었지만 쌍용건설과 일본·프랑스·홍콩 건설사 등 4곳이 최종 후보로 올랐다. 하지만 4개 건설사 모두 시공 방법을 찾지 못했을 뿐 아니라 공사 기간도 단축하기 어렵다고 판단했다. 결국 이처럼 난도 높은 건물을 기간 내에 안전하게 건설해낸 곳은 쌍용건설이었다. 마리나 베이 샌즈 호텔은 지금도 싱가포르를 대표하는 랜드마크다.

쌍용건설은 또 2021년 UAE에 94개의 초호화 수영장과 레고

블록을 쌓아 올린 것과 같은 독특한 외관을 자랑하는 초호화 호텔 '아틀란티스 더 로얄'도 건설했다. 사전오픈 행사에 팝스타 비욘세가 참석했는데 이들 가족이 묵은 스위트룸은 하룻밤 숙박비가 약 10만 달러, 우리 돈 1억 3,000만 원에 달한다. 창의적인 외관 때문에 공사 역시 상당히 난도가 높았다. 공동 시공을 맡은 벨기에 베식스의 임원들은 부르즈 칼리파 시공보다 어려운 현장이라며 혀를 내둘렀다고 한다.

48km 세계 최장 다리도 K건설 작품

세계에서 가장 긴 다리는 쿠웨이트 셰이크 자베르 항구에 있는 셰이크 자베르 코즈웨이 해상연륙교다. 다리 길이만 48.57km로 공사비 3조 5,600억 원 규모였던 이 다리는 현대건설과 GS건설이 지었다. 현대건설과 GS건설은 이 프로젝트를 위해 설계와 시공을 동시에 진행했다. 한국 건설사들의 기술력을 집대성한 결과 불과 66개월 만에 다리를 완성했다.

DL이앤씨와 SK에코플랜트가 공동 시공해 2022년 완공한 튀르키예 차나칼레대교는 현존하는 가장 긴 현수교다. 총 길이는 주탑 기준 2,023m로 기존 세계 최장 현수교였던 일본의 아카시해협 대교(1,991m)를 뛰어넘었다. 현수교 양 끝에 위치하는 접속교의 길이까지 포함하면 무려 4,608m나 된다. 이 현수교는 2023년 튀르

현대건설과 GS건설이 쿠웨이트에 지은 셰이크 자베르 코즈웨이 해상연륙교

키예 공화국 건국 100주년을 기념하기 위해 건설한 것인데, 유럽과 아시아 대륙을 잇는 연결고리가 됐다.

세계 최대 신도시 프로젝트, 네옴

세계의 수많은 마천루, 교량 등을 건설한 한국 건설사들에게 새로운 기회가 열리고 있다. 사우디아라비아가 2025년에 1차 완공, 2030년에 최종 완공을 목표로 추진하고 있는 '네옴시티'가 닻을 올렸기 때문이다. 사우디 반도와 이집트 사이 2만 6,500km² 규모로 지어지는 네옴시티는 총 650조 원이라는 천문학적인 공사비가 투입되는 인류 역사상 최대의 건설 프로젝트다. 네옴시티는 그리스어, 아랍어의 조합으로 '새로운 미래'라는 의미가 있는데, 석유 중심의 경제구조를 탈피하겠다는 사우디아라비아의 야심이 담겨 있다.

네옴시티는 자급자족 도시로 길이 170km에 달하는 직선형 도시 '더 라인'을 비롯해 대규모 친환경 산악단지 '트로제나', 바다 위에 떠 있는 팔각형 형태의 첨단산업단지 '옥사곤' 등으로 이루어져 있다.

신도시를 짓는 만큼 도로는 물론 교통, 터널, 상하수도 같은 각종 기반 시설 구축이 반드시 필요하다. 국내 건설사들은 해당 분야에 글로벌 경쟁력을 갖추고 있는 만큼 네옴시티 수주 과정에서도 빛을 발할 수 있다. 더구나 네옴시티에는 기존에 없던 새로운 건축물들이 들어서는 만큼 새로운 도전으로 명성을 쌓아온 한국 기업들에게 커다란 기회가 될 것으로 기대된다. 삼성물산과 현대건설은 조인트벤처를 설립한 뒤 네옴시티 사업 일부를 수주해 공사를 진행하고 있다. 네옴시티 더 라인 지하에 터널을 뚫는 사업으로 공사 규모만 10억 달러에 달한다.

빅파마 반열에 오른
K바이오

 2023년 6월 미국 보스턴에서 열린 '2023 바이오 인터내셔널 컨벤션(바이오USA)'은 코로나19 팬데믹 이후 처음 열리는 대규모 행사라는 점에서 관련 업계의 큰 관심을 받았다. 빅파마(글로벌 제약사) 등 등록기업만 9,100여 개(85개 나라)로 전년보다 3배가량 급증했다. 한국에서는 544곳이 참가했는데 전년보다 2배 이상 늘었다. 전 세계가 코로나19를 겪으면서 메신저 리보핵산$_{mRNA}$과 같은 혁신 기술이 크게 성장한 데다 한국 바이오 기업들도 글로벌 제약사의 코로나19 백신·치료제를 위탁생산$_{CMO}$ 하거나 신속진단키트를 개발해 수출하면서 괄목할 만한 성장을 이룬 데 따른 것이다.
 삼성바이오로직스는 2023년 6월 세계 최대 규모인 제4공장을 완공하면서 세계 1위 생산능력(60만 4,000ℓ)을 갖추게 됐다. 글로벌 전체 CMO 생산량의 약 30% 수준이다. 같은 달 삼성바이오로직스는 화이자 아일랜드Pfizer Ireland Pharmaceuticals와 5,350억 원 규모의 바이오의약품 위탁생산계약 의향서를 체결했다. 계약금액은 2022년 연매출액(3조 13억 원)의 17.8%에 달하는 수준이다. 기존 아스트라제네카와의 계약(3억 5,097만 달러) 때 세운 최대 규모 수주 계약 기록을 갈아 치웠다. 삼성바이오로직스는 제4공장에서 종양·염증·면역 치료제 등 화이자의 바이오의약품 복제약인 바이오시밀러를 위탁생산할 예정이다.

750억 달러 바이오시밀러 시장 주무르는 한국

바이오시밀러 시장이 폭발적으로 성장하면서 한국의 위탁생산 역량은 앞으로 더욱 주목받을 것으로 보인다. 시장조사기관 IQVIA 포캐스트 링크는 바이오시밀러 시장이 10년 내 약 750억 달러 규모에 이를 것으로 예상했다. 글로벌 의약품 매출 1위 휴미라의 특허 만료에 이어 자가면역질환 치료제 스텔라라, 황반변성 치료제 아일리아, 골다공증 치료제 프롤리아 등 블록버스터 오리지널 의약품들의 특허 만료가 줄줄이 예고돼 있기 때문이다.

전 세계 바이오시밀러 시장은 지난 2015년부터 2020년까지 연평균 약 78%씩 성장해 2020년 179억 달러 규모로 커졌다. 앞으로 2030년까지 연평균 약 15%씩 성장할 전망이다.

코로나19 팬데믹을 거치면서 한국의 제약·바이오 기업은 백신

·치료제를 위탁생산해 전 세계로 내보내는 허브 역할을 했다. 백신을 전문으로 하는 SK바이오사이언스는 팬데믹 초기부터 아스트라제네카, 노바백스와 위탁생산 계약을 맺으며 주요 의약품 생산처로 주목을 받았다. 삼성바이오로직스는 글락소스미스클라인GSK, 일라이릴리 등 글로벌 제약사들의 코로나19 백신·치료제 등 굵직한 제품의 물량을 대거 소화하면서 2020년 매출 첫 1조 원을 돌파한 뒤 2022년엔 3조 13억 원의 매출을 올리며 폭발적인 성장세를 이어가고 있다. 삼성바이오로직스는 2032년까지 7조 5,000억 원을 투자해 송도에 '제2 바이오캠퍼스'도 조성할 계획이다. 이곳에 4개 공장(5~8공장)을 짓고 대량 항체의약품 생산시설을 증설하는 한편 차세대 의약품 기술 기업 육성을 위한 오픈 이노베이션 센터도 만들 예정이다.

셀트리온은 삼성바이오에피스와 함께 바이오시밀러 강자로 꼽힌다. 송도에 있는 셀트리온의 제1공장과 제2공장은 19만 리터의 생산능력을 갖췄다. 여기에 2024년 6월부터 상업생산에 들어가는 제3공장의 생산능력과 설립 중인 송도 제4공장의 생산능력을 더하면 총 45만 리터 규모의 생산능력을 확보하게 된다. 셀트리온은 2030년까지 건립 예정인 해외 공장까지 포함해서 총 60만 리터 규모의 생산능력을 확보하겠다는 목표다.

SK바이오사이언스는 2023년 5월 미국 대형 제약사 머크MSD로부터 에볼라바이러스 백신 위탁개발생산CDMO 수주를 따냈다. 지금까지 주로 코로나19 백신을 중심으로 아스트라제네카, 노바백스

삼성바이오로직스 직원이 라이브 버추얼 시스템을 통해 생산 현장을 살피고 있는 모습

등 다국적 제약사들과 물량 계약을 맺어왔다면, 앞으로는 MSD와
의 협업을 발판 삼아 일반 백신으로도 CDMO 사업역량을 확장할
계획이다. 앞서 SK바이오사이언스는 백신·바이오 분야에서 글로
벌 최상위권 회사로 도약하기 위해 향후 5년간 2조 4,000억 원을
투자하겠다고 밝혔다. 특히 연구개발 영역에만 1조 2,000억 원을
투입할 계획이다.

국산 백신·진단키트도 주목

코로나19 팬데믹 당시 K진단키트는 국내업체의 신속한 개발과 정부의 긴급사용 승인, 역대급 수출 실적으로 세간의 주목을 받았다. 국산 진단키트는 코로나19 글로벌 확산과 함께 급성장했다. 관세청에 따르면 2019년까지 2억 5,326만 달러에 그쳤던 진단키트(진단 시약 등) 수출액은 2020년 21억 7,087만 달러로 수직상승했다. 이어 2021년엔 20억 4,732만 달러, 2022년엔 33억 4,908만 달러(약 4조 3,300억 원)를 기록했다. 역대 최대 실적이다. 셀트리온이 체외진단 전문기업 휴마시스와 함께 개발한 코로나19 항원 신속진단키트는 지난 2021년 9월 미국산 우선 구매법Buy American Act이 적용됐음에도 불구하고 미국 군시설 등 2만 5,000여 개 조달처에 약 7,300억 원어치가 공급됐다.

국산 백신도 성장을 거듭하고 있다. B형간염, 수두백신 등을 개발한 GC녹십자는 범미보건기구PAHO의 계절독감 백신 최대 공급사로 2020년부터 2022년까지 코로나19 팬데믹 상황에서도 약 5,000만 도스의 독감백신을 공급하는 등 압도적인 역량을 발휘했다. 수출 호조에 힘입어 GC녹십자의 최근 독감백신 누적 생산 물량은 3억 도스를 돌파했다. 1도스는 성인 1명이 1회 접종할 수 있는 분량으로, 전 세계 3억 명의 인구가 GC녹십자의 독감백신을 접종했다는 것을 의미한다.

석유 한 방울 안 나지만
석유 제품 세계 최대 수출국

"지난해 12월 영일만 부근에서 석유가 발견됐습니다. 경제성이 있을 만큼 매장량이 있는지 더 조사해봐야 합니다." 1976년 1월 15일 박정희 대통령은 연두기자회견에서 포항에서 석유가 나왔다고 발표했다. 국가기록원에 따르면 TV를 지켜보던 많은 국민들이 환호성을 질렀다. 기자회견을 하던 대통령의 눈시울도 붉어졌다. 당시 정부는 경제발전을 위해서는 반드시 석유를 확보해야 한다는 판단 아래 대통령 지시를 받아 비밀리에 석유 시추작업을 진행 중이었다. 그 당시 포항에서 발견된 석유의 정체는 지금도 묘연하다. 석유 시추를 위해 사용한 기계의 연료가 새어나간 것이라는 주장도 있고 실제 원유였을 수 있다는 분석도 있다.

한국은 심각한 자원 부족 국가이지만 소량의 석유와 가스가 나오기는 한다. 1998년 7월 울산 앞바다에서 가스전 시추에 성공하면서 세계에서 95번째로 산유국 대열에 들어갔었다. 물론 이곳에서 나온 양은 하루 34만 가구가 쓸 수 있는 가스에 불과했다. 하루 2만 대의 자동차에 기름을 채울 수 있는 규모이니 전체 수요에는 한없이 부족한 양이다. 동해 가스전에서 생산된 천연가스와 석유는 해저 배관을 통해 울산으로 옮겨졌고 주로 산업체에서 사용했다. 처음 가스가 생산되던 '동해-1 가스전'은 2017년 생산이 종료됐고, 2016년 '동해-2 가스전'이 개발됐지만 이것도 2021년 12월 31일 가스 공급이 종료됐다.

한국은 에너지의 대부분을 수입하는 나라이지만 에너지를 수입한 뒤 가공해서 판매하는 독보적인 능력도 갖추고 있다. 2022년 한 해 동안 한국은 955억 달러어치의 원유를 수입했다. 우리나라 돈으로 125조 원에 달하는 어마어마한 규모다. 동시에 원유를 들여와 재가공한 뒤 판매한 석유 관련 제품 수출액도 630억 달러에 달했다. 원유수입액의 60%를 재수출한 셈이다. 이 같은 석유 제품 수출액은 전체 수출의 9.2%에 이르는 규모로, 단일 제품으로는 반도체에 이어 2위 수출품목이다. SK에너지와 GS칼텍스, 에쓰오일, 현대오일뱅크 등 정유 4개 업체 수출액만 570억 달러로 전체 석유 제품 수출액의 90%를 차지한다.

세계 5위 정제 원유 대국

조선후기 학자 '황현'이 남긴 《매천야록》에는 한국이 처음 석유를 사용했을 때의 기록이 있다.

"석유는 영국이나 미국과 같은 서양에서 나온 것이라 한다. 어떤 사람은 바닷속에서 난다고도 하고, 석탄에서 만든다고도 하고, 돌을 삶아서 그 물을 받은 것이라고도 하니 그 설이 제각각이다. 천연자원임은 분명하다. 석유는 경진년(1880년)에 처음 사용됐다. 한 홉이면 열흘을 밝힐 수 있다."

1880년 한국으로 건너온 석유는 불을 밝히는 데 주로 사용됐다. 한 홉은 대략 180ml다. 소주 반병 정도의 양인데, 이걸로 열흘 동안 불을 켤 수 있다고 묘사돼 있다. 또 어떤 기록에는 1880년 승려 이동인이 일본에서 석유와 램프, 성냥을 들여와 사용한 것으로 전해지기도 한다.

일제는 '조선 석유주식회사'를 설립한 뒤 우리나라 최초의 경유 공장을 세웠다. 광복 이후 대한민국 정부는 울산 정유공장을 설립했지만 1950년 한국 전쟁 발발로 인해 완공하지는 못했다. 이후 경제개발 5개년 계획과 함께 1964년에 대한석유공사(현 SK에너지) 울산 정유공장이 가동되면서 석유화학 산업의 기초 재료인 '나프타'를 생산하기 시작했다. 1967년에는 럭키와 미국 칼텍스가 합작

한 한국 최초의 민간 정유사인 호남정유(현 GS칼텍스)가 설립됐다.
호남정유는 1981년 한국 최초로 석유 제품 수출을 시작해 1983년
국내 정유사 최초로 2억 달러 수출의 탑을 수상했다.

에쓰오일은 1976년 쌍용그룹과 이란국영공사가 합작투자로 설
립한 '한이석유'가 모태다. 이란이 철수한 뒤 1991년 세계 최대 석
유 기업인 사우디 아람코가 지분을 취득하면서 공동 경영이 시작

됐다. 현대오일뱅크는 극동석유공업이 로열더치쉘과 합작으로 만든 석유 기업이었다. 1977년 로열더치쉘이 한국에서 철수하면서 현대가 이를 인수했다.

글로벌 석유 기업인 BP가 발간하는 통계자료에 따르면 2021년 한국 정유사들의 정제 능력은 하루 357만 2,000배럴에 달한다. 규모 면에서 미국, 중국, 러시아, 인도에 이어 세계 5위에 해당한다. 정유회사별로도 SK에너지가 세계 2위, GS칼텍스와 에쓰오일이 각각 세계 4위와 5위의 원유 정제능력을 갖추고 있다. 한국 정유업체들의 수출과 내수 비중은 약 1:1로 다른 국가와 비교하면 수출 비중이 압도적으로 높다.

화학 기업도 잘나가요

1955년 9월 미국 국무부 국제개발처AID 자금을 지원받은 정부는 이 돈으로 충주비료공장을 착공했다. 1961년 4월 완공된 충주비료공장은 당시 한국 경제 상황을 고려하면 판교의 IT 기업과 같은 존재였다. 기술 전수를 위해 미국 엔지니어들이 공장 근처에 상주했고 공장 주변으로 지금의 이태원과도 같은 미국식 타운이 형성됐다. 충주 출신으로 유명한 반기문 전 UN 사무총장이 학생 때 이곳을 드나들며 영어를 배웠다고 한다.

비료는 1960년대 한국에 가장 절실한 물품 중 하나였다. '잘 먹

GS칼텍스 여수공장 전경

고 잘살기' 위해서는 식량 생산을 빠르게 늘려야만 했고 이를 위해 비료가 필요했다. 비료 산업은 1975년 국내 자급을 이뤘고 이어 수출까지 하게 된다. 그 후 충주비료공장은 국제 비료 가격 하락과 수요 감소로 1983년 문을 닫았지만 한국 화학산업 발전의 단초가 됐다.

당대 첨단 기술이 대거 적용된 충주비료공장을 돌리면서 효율적인 화학공장 운영에 대한 노하우가 쌓이고 기술 축적도 이뤄졌다. 충주비료공장에서 근무했던 엔지니어들이 영남화학, 진해화학, 남해화학 등의 공장 건설에 잇따라 참여해 거대 장치 설비 운영 경험을 전파하면서 한국 화학산업이 빠르게 발전하게 됐다. 1960년대 울산석유화학단지, 1970년대 여수석유화학단지 조성과 함께 한국은 명실공히 화학 산업 분야에서도 세계에서 손꼽히는 국가가 됐다.

반도체와 함께 '산업의 쌀'이라 불리는 에틸렌 생산에 있어서 한국은 LG화학과 롯데케미칼 등의 기업을 앞세워 세계 에틸렌 시장의 6.2%를 점유하고 있다. 국가별 순위로 따지면 미국과 중국, 사우디에 이어 세계 4위다. 1년에 약 1,270만 톤의 에틸렌을 생산하고 있으며 수출액은 약 550억 달러에 달한다.

한국의 섬유혁명, 리승기 박사의 '비날론' 개발

1930년대 한반도에서 세계 두 번째로 합성섬유가 개발됐다는 사실을 아는 사람은 많지 않다. 북한 국적의 '리승기 박사'가 그 주인공이다. 1905년 전라남도 담양에서 태어난 리승기 박사는 서울 중앙고보를 졸업하고 일본으로 넘어가 교토대학에 진학했다. 이어 1939년 교토대학에서 공학 박사학위를 취득했는데, 박사학위 논문에는 일본에서 '합성 1호'라 불렸던 비날론에 관한 내용이 담겨 있다. 박사학위가 나오기 1년 전인 1938년 미국 듀퐁은 세계 최초의 합성섬유인 '나일론'을 개발했다.

2차 세계대전이 끝나기 전 "일본은 반드시 망한다"라고 말한 이력 때문에 리승기 박사는 일본 감옥에 갇히기도 했다. 해방된 뒤 풀려났고 이후 한국으로 돌아왔지만 1950년 7월 월북했다. 리 박사는 북으로 넘어간 뒤 자연섬유에 가까운 비날론을 새롭게 개발해 의복 혁명을 일으켰다.

김일성이 이를 '주체섬유'라고 부를 정도였고 북한에서 비날론은 면을 대체하는 대중적인 섬유로 자리 잡게 된다. 리 박사는 공산주의 국가의 노벨상으로 불리는 '레닌상'을 1961년 수상하기도 했다. 기록에 따르면 그가 아파서 병상에 누워있을 때 김일성이 산삼을 보냈으며, 그의 90세 생일에는 김정일이 생일상을 가져다줬다고 한다.

K홀릭

초판 1쇄 2023년 9월 12일

지은이 장대환
펴낸이 최경선
편집장 유승현   **편집2팀장** 정혜재

책임편집 이예슬
마케팅 김성현 한동우 구민지
경영지원 김민화 오나리
디자인 김보현 이은설   **삽화** 양만금

펴낸곳 매경출판㈜
등록 2003년 4월 24일(No. 2-3759)
주소 (04557) 서울시 중구 충무로 2(필동1가) 매일경제 별관 2층 매경출판㈜
홈페이지 www.mkpublish.com   **스마트스토어** smartstore.naver.com/mkpublish
페이스북 @maekyungpublishing   **인스타그램** @mkpublishing
전화 02)2000-2612(기획편집) 02)2000-2646(마케팅) 02)2000-2606(구입 문의)
팩스 02)2000-2609   **이메일** publish@mkpublish.co.kr
인쇄·제본 ㈜M-print 031)8071-0961
ISBN 979-11-6484-611-5(03300)